U0754489

孔毅 著

赢在扭转力

瞬息万变的 时代，
与众不同的 变商，
逆势突围的 扭转五力，
助你关键时刻赢在 拐点！

台海出版社

图书在版编目（CIP）数据

赢在扭转力 / 孔毅著. —— 北京：台海出版社，
2018.9（2023.12重印）
　ISBN 978-7-5168-2078-0

　Ⅰ. ①赢… Ⅱ. ①孔… Ⅲ. ①成功心理－通俗读物
　Ⅳ. ①B848.4-49

中国版本图书馆CIP数据核字(2018)第188171号

赢在扭转力

著　　者：孔　毅

责任编辑：晋璧东　　　　　　　　封面设计：田可慕心
版式设计：张丽可　　　　　　　　责任印制：蔡　旭

出版发行：台海出版社
地址：北京市东城区景山东街20号
电话：010-64041652（发行，邮购）　　邮政编码：100009
传真：010-84045799（总编室）
网址：http://www.taimeng.org.cn/thcbs/default.htm
E-mail：thcbs@126.com

经销：全国各地新华书店
印刷：北京米乐印刷有限公司
本书如有破损、缺页、装订错误，请与本社联系调换

开本：880×1230　1/32
字数：220千字　　　　　　　　　　印张：10
版次：2018年10月第1版　　　　　　印次：2023年12月第2次印刷
书号：ISBN 978-7-5168-2078-0

定价：49.90元

谨将此书献给

我的妻子庆珊

谢谢你一直与我同甘共苦

女儿繁婷（Julia）、儿子繁德（Jeffrey）

谢谢你们完全了我的人生

孙女祥恩（Liza）、外孙祥和（Arthur）、孙子祥安（Benjamin）

谢谢你们带给我许多意想不到的欢乐

目　录

Part 2 魅力：发挥你的影响力 / 051

推荐序一
善用五力，开创成功人生

《赢在扭转力》是一本极有实用价值的书，尤其对年轻人而言，在阅读本书时应可感受到一位经历丰富又充满爱心的长者，对大家的殷切叮咛与期许。

本书作者孔毅三十几年丰富而多元的企业管理经验，在当今华人世界中很少有人能够比拟。他从基层工程师做起，凭着自己的努力，在半导体以及通讯科技方面拥有许多傲人的成就，包括若干产业技术领域里程碑级的研发成果。在进入管理阶层以后，曾担任当时世界一流高科技公司（Motorola）事业部负责人，以及该公司手机事业亚洲地区负责人，可说是在中国台湾完成大学学位、在大型国际企业里管理历练最完整的人士之一。

随后他的创业经验又让他对经营管理产生更深一层的了解。他在本书中所谈的经营管理，虽与学院派所主张的学理不谋而合，但切入角度却大异其趣，他在世界级高科技公司的亲身经验与见闻，对仅有本土企业管理经验的高阶人士也有十分珍贵的参考价值。

本书有如下几项特色。

第一，本书的观点与建议是全面的。从视野、策略、领导、执行，到道德修养等各方面都有所着墨，并进而将管理者所需建立或强化的功课归纳为眼力、魅力、动力、魄力、德力这几大类，分别深入解说。

第二，本书对年轻人的职业生涯发展与人生规划，提出了十分正确而深刻的建议。例如建议大家先求专精再求广博，在自己的领域中受到肯定以后再向更广的领域发展，以及如何在一生中不断深化知识的同时，在健康、情感、心灵以及各种综合能力方面，追求精进以形成自己的竞争优势。易言之，人人都应经由学习与反思，不断改变自己、提升自己，以突破事业上持续出现的瓶颈。

第三，指出"拐点"或"关键时刻"的重要性。平时我们固然应克尽职守，一步一个脚印地为组织贡献心力并不断充实自己，但自己的人生或所处环境往往会突然出现形势的重大改变，有意追求成功的人士，应及早认知到这些改变的趋势，及时掌握机会或"拐点"，不断创新突破，使自己更上一层楼。

第四，"整合"观念的具体化。"整合"或"共创多赢"是管理的核心。本书虽然未提及这一名词，但在许多章节中都举出作者本身的亲身经验来说明"整合"的观念。例如，当他身为工程师时，经常主动了解各合作单位的困难，并以替大家解决问题的心态来从事设计；担任部门主管时，牺牲本部门的获利机会，为其他部门换取日本厂商的制程技术，创造公司长期的竞争优势；领导手机部门时，以"手机中文化"的方案来取得政府机构的支持，同时也使自己的公司反败为胜，创造可观的盈收与市场占有率；与客户建立互利的伙伴关系以取得市场上的优势等，都是"整合"或"共创多赢"的最佳实例，也是本书作者在事业上不断成功的关键原因之一。

第五，本书内容几乎全都是出自作者本身的实际经验，并经由长期而深入的分析思考，将这些经验建构成值得大家参考的管理原则。企业界的成功人士愿意将本身经验提供给大家分享的本来就不多，而能将自己的经验系统地整理成完整的论述则更不容易。由此可见，本书作者在几十年的工作历程中，对其决策前的深入分析与决策后的自我反思所下的功夫，以及将自己的经验分享给大家的愿心。

孔毅是我中学时期几乎每天在一起的球友与队友。除了平时分边"斗牛"之外，我们曾一起组队参加过青年会的"周末杯"、狮子会主办的"狮子杯"，以及许多次师大附中"校长杯"等正式的篮球比赛。当时他在控球及分球方面已展现出过人的"掌控全局""穿针引线"的才华，在任何组合中，都是自然而然的"队长"，几十年来在事业及经营管理上有如此过人成就，也可以给热爱运动的年轻人很大的鼓励。

五十几年前的老朋友出版新书，我十分高兴向大家极力推荐这本好书，同时也以有这样的球友为荣。

司徒达贤

美国西北大学企管博士、中国台湾政治大学教授

推荐序二
哪怕不给我工资，我也愿为孔先生工作

几年前，有一次我在摩托罗拉的一群同事聚会中谈起通信业的变化，一位年轻人侃侃而谈摩托罗拉曾经在大陆的傲人业绩：领先的产品、众口皆碑的品牌、令人敬畏的市场占有率。他总是提及当时摩托罗拉在亚洲的负责人孔毅先生，栩栩如生地讲述了许多孔先生的故事。我受孔先生直接领导8年，却怎么也想不起这位年轻人是谁，于是问道："当时你在摩托罗拉的哪个部门？"他停顿了一下才说："我当时还没加入公司，这些事都是听同事讲的。""那你见过孔先生吗？""见过照片。"

其实，他谈起的很多事情，我都亲身经历过，不禁感叹，孔先生怎能有这样的影响力，让从未共过事的年轻人都如此推崇？尽管离开摩托罗拉十几年，每次大家聚会都会谈及孔先生。在摩托罗拉内部乃至整个中国通信业界，孔先生都是个传奇人物。

是什么让孔先生成为如此出色的领导者？如果当时是孔先生领导摩托罗拉全球手机部，情况恐怕会大不一样。

孔先生有很强的产品创新能力，无论在半导体行业，还是在手机业，产品创新都是他的特点。在别人都在谈"满足用户需求"时，他的理念已经转变为"领导用户"，直到目前，全球也只有少数几个公司有勇气、

有能力做到这一点。当时的摩托罗拉手机全球市场尽失，但亚洲区始终保持优秀的业绩，并在许多国家市场占有率第一，主要胜在产品创新。而成功的几款产品，几乎全是由孔先生主导的团队在亚洲本地研发的。

产品是公司成败的关键，领导者是产品的关键。孔先生作为摩托罗拉在亚洲区的领导者，无疑是许多年前摩托罗拉在亚洲成功的关键人物。

孔先生不仅在研发产品时强调"领导用户"，在经营上也始终强调创新，要求与众不同。每次讨论工作，他问得最多的就是"有什么新的想法吗？""还有不同的方法吗？"长时间在孔先生的领导下工作，不知不觉让我养成了喜欢寻找新思路的习惯，从不满足现状的风格。这对我后来的职业发展有很大的帮助。从孔先生身上，我学到创新不止局限于产品，而且能渗透到工作的方方面面。

孔先生不仅在产品和经营上有独特见解，而且与员工相处更有独到之处。首先就是倾听能力和对人的尊重。无论谈话对象资历深浅、职务高低，他都会仔细倾听，从不贸然打断。有一次，我和他一起同一位新员工开会，那个年轻人侃侃而谈，但因对公司市场不熟悉，他的许多观点并不合理。半个多小时，我有些不耐烦，可孔先生还是认真听，很少插话。会后我问孔先生为什么不打断他，孔先生认真地说："每个人都有好的观点，要尊重别人。"

看上去只是倾听，实际上是对人的尊重。当一个员工被认真倾听时，他的思考能力会被激发；当员工感觉被尊重时，他会更努力地为公司工作，不断创新。因此，倾听能力是一位成功管理者必备的要素。但这听上去简单做起来难，特别当人身处高位时。孔先生在这点上做得非常出色，在他心中，对每个人都十分尊重。

这里我讲一个自己亲身经历的故事。在 2000 年，我的女儿诊断出一种天生疾病，非常罕见。当时由于医生没有经验，告诉我们没法治愈。这个消息犹如晴天霹雳，击垮了我和太太，我们太爱我们的女儿了。我立即向公司提出申请，为帮女儿治病，我不能工作了。那段时间，我们度日如年。没想到几天后，人事部约谈我，告诉我在孔先生的争取下，公司特批我们可以去全球任何医院为女儿治病，所有医药费用以及行程费用由公司全包。人事部还提到，当他们向孔先生汇报此事时，孔先生流下了眼泪，叮嘱人事部全力以赴提供帮助。所幸后来，经过大家的努力，女儿顺利度过了这一关，健康成长。

现在每当回想起那段难熬的岁月，虽然是很多年前的事，孔先生的关爱及鼓励，仍让我们全家感激不已。这样的例子不胜枚举。孔先生对员工全心全意的关心和爱护，让公司充满温情，也令我们对他的为人十分敬佩。

孔先生回美国了，我怅然若失。离开摩托罗拉后，虽然见面机会少了许多，但总觉得他还在北京、就在身边，我有问题、有想法可以随时找他谈。回想起在他的团队里工作多年，有时竟分不清他是我的上司、兄长、导师还是朋友，但有一点十分清楚，在我的职业成长中，孔先生起了至关重要的作用。许多在摩托罗拉工作过的员工都有同感，直到现在，还经常有人讲："哪怕不给我工资，我也愿为孔先生工作！"

卢雷

苹果公司副总裁兼亚洲区、大中华区销售总经理

推荐序三
真正的赢家

孔毅先生要我为他的新书《赢在扭转力》作序，当我发现其他几位撰写序文的社会贤达，都是我的前辈、老师，且他们对孔先生知之甚深，所写的序文早已把书中的精华做了完整介绍，不免为自己的"资浅"感觉惶恐，担心不能做好这份重要的推荐工作。

然而，当我拿到书稿开始阅读后，却深深为书中的内容所吸引。这不是又一本教导年轻人如何成为"赢家"的书，这样的书已经够多了，多到几乎让人走进书店会无所适从，甚至望"赢"而生厌的地步。孔毅先生的这本书，有着完全不同的风貌。他固然是久经历练、卓然有成，却从不讳言自己曾经走过高峰低谷，遍尝人生各种滋味。他从自身经验中所提炼的深刻思考，又融入对当代企业竞争、社会现象与价值信仰的细致洞察，完成了一本有架构、有体系，还有故事、有情感，耐人寻味的"人生哲学"力作，这是真正让我感到钦佩的地方。

容我引述几句阅读中让我玩味不已的佳句。

"创新发明的能力来自于不停的努力，以及不断地学会去做困难的事。"

"当下的工作、生活都仅仅是活出与众不同的载体，人生的价值在于创新，最好的创新来自内心的热情。"

"经历了从成功到失败到再成功，使我对成功、失败皆深有体悟。唯一可以衡量人生成败的量尺是幸福感，而非财富、地位。"

从这些充满智慧光芒的话句中，读者不难发现这不是一本教你如何成功的秘籍手册，而是一位深具爱心的长者，和你娓娓道来，分享他一生体验的精华。

我认识孔毅先生是一年前的事，正是他不畏奔波，往来于太平洋两岸，不断帮助许多年轻朋友开创职业生涯的时候。读到本书的最后，我发现孔先生自己的生涯定位，从早年的专业者到中年的管理者，进而由多次创业而历练成企业家，如今又把全部心力放在帮助年轻人身上，更成为一位名副其实的"社会贡献家"。

他亲自见证了自己所说的，成功的定义并非财富、地位。他这棵美好的"生命树"所结出的果子正是生命的果实。

孔毅先生是一个真诚的人，爱的信仰在他的生命中成为最重要的力量。我想起西方古谚中有一句话说："如今常存的，有信、有望、有爱。这三样，其中最大的是爱。"如今早已"赢在扭转力"的孔毅先生，正是这样一位不断带给周围人们以信、望与爱的真正赢家。

白崇亮

中国台湾奥美集团董事长

推荐序四
如何成为孔毅或超越孔毅

很高兴为孔毅的《赢在扭转力》写序。我们相识于 1991 年，交往的场合并不在职场。我隐隐约约知道孔毅先生在 Motorola 担任相当高的职位，可是不知其详。当年，我在 IBM 从事微影的研发，微影是半导体制程的重要一环，孔毅的领域也在半导体，我们在业界互有所闻，可是我们却偶然相遇并进一步交往。

为了写序，我有幸先读孔毅的大作，仔仔细细逐字读过；读后深深觉得读者真有福气。除了当年在 Motorola 的同事，没有人知道他事业成功的详情，更不可能从中学习。现在他以社会贡献家的心态，把多年的成功心得和秘诀用心地向读者仔细阐述，这是以前很多人梦寐以求的。看到他这么用心地传述，令我想起当年他谆谆善诱他人的情景。写这本书，他展现了"利他"，最后自自然然地"利己"，是一个很好的典范。

哪些人会从这本书得到帮助呢？

作者对他经历的记载——从暑假打工，用一支扫把征服整个工厂，一直到做初、中、高级的工程师，初、中、高级的经理人，高层的决策者，创业者，社会贡献家，遇到的困难以及运用眼力、魅力、动力、魄力、德力加以解决的方法——对处在这些阶段中的失败者及成功者，以及想更上一层楼的有志者，都会有很大的帮助。

在这里我必须提醒读者们，知识和理论只提供一个开始，必须把所读到的印在心上，勤实习、多思考、多尝试、多调整才能驾轻就熟，最后拥有造就成功的直觉。孔毅的亲身经验很能帮助我们学习，他就是因为愿意放在心上，勤实习、多思考、多尝试、多调整，才步步成功的。

将来如同孔毅或超越孔毅的人，必定是能活用这本书的人。如果读者能做到本书所倡导的60%，成就就已经不得了；纵使你不想做经理人或决策者，看了这本书，明白管理者及各级管理者的思路，对读者也会有很大帮助。期待本书能在东方社会成就出1万个、10万个如同孔毅或超越孔毅的人。

《赢在扭转力》有很多论点都是我非常认同的。譬如，独立思考的能力、工作不设限的好处、一对一沟通的效力、管理情绪的需要、权威式管理的弊病、人才的培养、借力使力的借箭智慧、找出成事帮手和败事杀手的重要、利他不自私的优点等，在书里都有很精彩的论述。

用纸笔帮助思考、EQ的建立、多向人请教、走在时代的前端、主动请调管，都是很有用的方法。在我的职业生涯中，免不了也遇到同样的挑战，也层层闯关找到解决方法，禁不住和孔毅发生共鸣。在海峡两岸暨香港、澳门，权威式的管理相当普遍，我郑重推荐权威式管理的经理人，仔细读"魅力"那一章的共赢法则。

我特别喜欢"德力"那一章，诚信和绝对的道德是成功的必要条件。孔毅在这一章讲得非常透彻。记得在奥斯汀时，常常有人请教他成功的秘诀。他说职位到了一定的高度，大家的才智都差不多，能不能被公司重用，取胜点在诚信、正直。这么大的公司或这么大的生意，怎能放心交给一个没有诚信的人负责呢？

　　书中常常提到，当碰到棘手难题时，灵机一动就有了过人的主意，奠定了解决问题的方向；我认为这种灵机不是偶然的一触而发。要知道有一种爱孔毅的力量，叫万事互相效力，让爱他的人得益处；这些灵机肯定是这种智慧源头的力量赐给孔毅的。孔毅一生遇到这么多展现眼力、魅力、动力、魄力、德力的机会，也得到聪明智慧去解决问题，这种力量必然扮演了一个非常重要的角色。要学习孔毅，最有效的方法是请主宰孔毅的这种力量来爱你。希望这是你读这本书得到的最大收获。

林本坚

美国工程院院士，中国台湾积电研发前副总经理

推荐序五
扭转力，让你无往不利

2015 年 10 月下旬，台湾交通大学校长讲座荣幸地邀请到杰出校友孔毅学长，分享他在业界多年的实战与成功经验。会后学生踊跃提问，"关键时刻做出错误决定该如何补救？""在繁忙的工作中如何兼顾家庭、事业与生活？"孔毅学长一一仔细作答。在这一问一答中，我看见学生站上了巨人的肩膀，看得更远了。

孔学长在通信及半导体业享誉盛名，英特尔授予他"iRAM 之父"称号，摩托罗拉称他"太极 PDA 手机之父"，在手机刚普及的年代，他更是成功地将中文加入手机媒介语，被誉为"手机中文化之父"。"苟日新，日日新，又日新"，具备高感度、深见识的人才，才是世界需要的菁英，孔学长以高科技华人之姿立足国际企业舞台，引领手机发展趋势，与时俱进，其贡献与影响力少有人能出其右。

30 多年的业界实战经历，让孔学长体会到不同的人生阶段会面临不同的挑战，不同的处理方式也将产生不同的结果，且失之毫厘、差之千里，以及关键时刻如何面对、处理，成为人生重要课题。因此，他不断强调"关键时刻，赢在拐点"，透过辨别关键时刻做出正确决定，让生命成为上行的台阶；更不吝在各大场合分享成功秘诀与信念，带领职场后起之秀迈向事业高峰。

关键时刻，即是人生遇到的决定性时刻。必须做出选择，而这选择将深刻地影响未来，也许会迷惘、不知所措，但这是考验并揭示心之所向的一刻，更是迈向成功或落入失败的转折点。如德国思想家歌德所言："成功的人是抓住时机的人。"就看关键时刻来临，你是否能辨别、把握机遇，让一生多为上行之旅。

我的生涯也多次站在十字路口面临抉择，从台湾大学物理系、台湾清华大学材料研究所，再到台湾交通大学电子所博士班，历经两次研究学科更换及三校校风浸润，增长了我的眼界及为学方法。在洛克威尔科学中心取得重要研究成果后，进入 UCLA 开始长达 18 年的学术研究与教学生涯。屡屡在生涯的十字路口，我幸运地做出了关键性的选择，此刻回望过去，每一次的抉择，都造就我更上层楼、迈向辽阔。

拜读《赢在扭转力》一书，孔学长分享从美国无线电公司（RCA）转职 Mostek 公司、再跨入通信产业的历程，其洞见先机的本事，令人钦佩。当时进入 RCA 后，为追随时代脉动，他从半导体工程调任电路设计，再请调研发部门，扎稳无线电产业实力；后经由《华尔街日报》发现 RCA 影响力已逐渐下滑，决定寻觅新方向。为学习最新的内存组件 MOS 技术，毅然南迁入职 Mostek，努力学习以参与设计为目标，正式进入半导体世界。

孔学长总是习惯走较艰难的路，为了持续学习，此后又加入摩托罗拉（Motorola）半导体部门，他与上司一起共同设计全世界最早量产的 64K DRAM，使摩托罗拉全球市场占有率从第六跃进到第一，奠定了他在半导体业的极高声誉；后来又跨入通信产业，担任摩托罗拉亚太通信业务总裁，带领团队在中国大陆及台湾岛内赢得手机市场第一的领导地位。

尽管一路充满挑战与挫折，每一次的成功都更指向开阔。洞悉世局的孔学长将经验化作指南，从人类的基本潜能开始，指引读者透过眼力、魅力、动力、魄力、德力，掌握要津，深入浅出地以理论与实际案例相结合说明如何运用五力，鼓励读者争取属于自己的思考主导权，擘画成功蓝图。30多年实战经验，让孔学长精辟点出如何在竞争激烈的社会突围而出，人生五力衍生的平衡力量，则是奠定他成为企业家的稳固基石。我想只要读者能具备这五力，也将无往不利。

《赢在扭转力》无疑是作者用一生累积的经验出版的心血结晶。每一篇章节、故事，都展现孔学长自我期许成为社会价值的贡献者，帮助遇到挑战的莘莘学子、社会新人乃至企业高级管理者，在面对关键时刻都有清晰的思路做出智慧的判断，对"有所为，有所不为"有更深层的想法。他也开设企业培训课程，从企业真实案例切入，带出实用原则，帮助企业家解决瓶颈问题，提升领导力与竞争力，透过知识与经验的分享与传承，带给社会、企业向上提升的无形力量。深植在孔学长心中的教育使命，让他不仅是成功的企业家，也是有远见的教育家。

书里，还藏有许多精彩经验与好故事。请预备你的心思、你的行动，与作者一同登高致远，活出能结出丰富果实的人生！

张懋中

中国台湾交通大学校长

推荐序六
产业的型塑者

2000 年至 2003 年，我在摩托罗拉 PCS Asia 工作，这是一个令人振奋的发展时期。中国当时在成倍增长，印度正在挺近，东盟国家也在经历蓬勃发展，日本和韩国在移动软件和服务方面处于无可争议的世界领先地位，亚洲的这种发展使全球的无线通信业务提上了日程。在 Roger 的领导下，我发现为 PCS Asia 工作是一个令人难以置信的成长机会。Roger 的领导风格是积极强势却又冷静泰然。在"远见"这个字眼被滥用的时刻，他展现了真正的洞察力，并且正确地型塑了这个产业。

Roger 打造的团队是一流的，网聚了许多不同人才。他关注的焦点一直是"学习和发展"，也决不允许团队里的人画地自限或骄矜自满。他总是推动团队去寻找机会、超越极限。他能带领 PCS Asia 走向巨大成功，绝大部分原因便来自于此。PCS Asia 成为地球上最大的移动电话客户群提供商摩托罗拉公司最强的利润中心。在 Roger 的领导下，摩托罗拉有了在中国第一的市场份额，也打进了日本和韩国市场。

许多有市场前景的新产品是 PCS Asia 开发的，尤其是太极智能手机。这是智能手机的第一次亮相。在人们认为手机可以运行应用程序之前，太极就可以支持 PIM 应用。它甚至为了支持汉语手写识别而提供触屏输入，这是当时闻所未闻的。太极之后开发的更高版本 MOTO MING 智能手机，可以运用一个完整的开放操作系统（Linux），并支持音乐下载和应用程序商店。从某种意义上说，iPhone 和它掀起的智能手机热潮可以追溯到 PCS Asia 发生的突破性创新。

Roger 是个有原则的领导人，从不抄近路、走捷径。如果成功意味着要作弊，这绝不是他想要的。他一贯的声明不是"去做"而是"一起来做吧！"他传达的是热忱、热情和尊严。Roger 煞费苦心地培养团队和提升团队标准。他要求我与摩托罗拉大学的一些资深人士，围绕战略构想合作开发核心课程。在员工会议上会拿出一部分时间来学习其中的内容。这在摩托罗拉绝对是独一无二的，对于亚洲也是这样，因为通常运营远比花时间学习被视为更宝贵。尽管最初需要推动，但是 PCS Asia 的核心学习过程，最终产生了一个更强大、更智能、更冷静、可以洞悉行业发展的团队。这都要归功于 Roger 的这种倡导，很久之后 Google 和其他机构才开始类似做法。

我和 Roger 共事的经验深刻而充满意义，他教给我做一个领导者的工具与方法，直到今日仍然受用。他是一位真正的导师和朋友。在他的带领下，我得以成为一个真正的领导者与决策者。

法鲁克·巴特

戴尔公司移动与消费产品事业部原策略长

好评如潮
同事心中的孔毅

Vincent Cheung，Waterway Asia Ltd. 共同创始人

人们总是来来去去，但是，如果有个人能为他的同事留下难以忘怀的事迹，这就非常值得一提，这就是 Roger（孔毅）所做的。他是摩托罗亚洲区的传奇，不论是对中国、对手机产业、对工程界、对创新与创造力、对供应链管理、对领导力，还是对新世代的年轻人……

Chris Colonna，NAVTEQ 策略管理

Roger 热衷于让他的团队觉得他们共属于一个大家庭，也让他们觉得工作充满乐趣！

Roger 是我职业生涯中最令人尊敬的领导人之一，现在是，以后也是。回顾他的领导，再与我时下看到的领导方式比较，我要说，我们需要他回来再次带领我们！今日的领导人让所有东西的水平都下降了，还对此束手无策，这全是因为今日的老套作风。但 Roger 不是这样，他跳进来用热情激励每一个人。信不信由你，在我的团队中，我确实使用着 Roger 的风格和他们一起努力工作，以履行他的教诲。现今的领导人只看见短期策略，每一个领导者都应该学习围棋这项运动，它是关于长期策略的游戏。Roger 肯定练过围棋！

Roger 的领导力非常罕见，这点体现在他能够和摩托罗拉的核心团队工作，克服了公司内政治的界线，让中国手机市场成为亮点。我的职责是和核心团队连结，并将我们在亚太地区的产品需求注入核心计划。Roger 很好地教会我如何做到这一点。也许有一天我会找到另一个 Roger，他们是领导人中的稀有品种，拥有对领导的热情、对乐趣的热情，以及对技术创新的热情。在今日，这样的领导人很难找到了。

Roger，非常感谢你给我机会，让我能在你的领导和指导下工作！

Kathryn Feld，英特尔公司工程总监

我相信 Roger 留给世人的领导风格就是"参与"。他的风格将合作提升到一个新层次，他的独特能力可以将组织里的所有领域，从工程、产品营销、市场销售到服务，通通平等地拉进平台，在那里，每个团队成员都确实地知道推动 PCS Asia 成长需要做些什么。

作为负责把即将推出的新产品引进亚洲的工程经理，我清楚地知道旧产品的过渡计划，特别是这个前任商品的详细商业信息，还有关于新商品的引进时机将如何影响当前业务季度的种种信息。Roger 坚决果断的参与程度，确保了团队的所有重要成员了解"我们"将如何进行并超越我们的目标、迈向成功。

Roger 驱动商业与工程优点相结合的重要性，让顶尖的业务线与优秀人才得以成长。他抱持着高水平的个人责任，以一贯不变的尊重、认可他人的态度，做到了这一点。

Tom Guo，东方园林高级副总裁、集团董事，兼苗木板块总裁，苗联网董事长

我对孔先生的最深刻印象在于他的远见。大概是在 20 年前，在一次内部管理层会议中，孔先生就描绘出今天智能手机的应用场景，就指出了手机必定智能化，并将取代个人计算机。手机如同个人钱包一样是人类的必需品。今天回想起来，不得不佩服孔先生的远见卓识！

此外，孔先生是外国公司在中国大陆率先推动管理团队本土化的先驱者。摩托罗拉在中国推出了各种帮助本土团队成长的培训计划，例如 CAMP，培养了一大批管理人才，目前这批人才是中国信息产业和互联网产业的中间力量！

孔先生最让我感动的是对于个人尊严的肯定，这是老摩托罗拉的核心价值观。在我眼里，孔先生永远是导师、是益友，让我懂得，我们不但要努力工作，为公司、为自己创造财富，更要为自己、为国家获取尊严！

Chris Kremer，Success Catalyst 创始人

Roger 对人有敏锐的判断力，并且知道如何激励他们。他始终明白，要激励人们赢得成功，要先让他们觉得这个目标非常重要，而对这个目标来说，他们也同样重要。他巧妙地把时间用来了解人、组

织制度，以及激励团队达成超越预期的成果。他持续打造出比预期更好的结果，激发了我去仔细观察、学习，也让我最终效法他的领导方式。

Roger 很善于与人沟通，以此为了解问题、克服挑战和利用机会等建立有意义的脉络。在商业比赛中，他的团队始终是获胜的一方。他总是确保每个人都明白自己为什么很重要，以及为什么实现企业目标对每个人来说很重要。

Roger 委任他的领导团队来执行计划，并且巧妙地帮助个人和团队为结果负责。重要的是，他熟知不能在任何企业领域做"过度管理"或"微观管理"。他的委派是以信任为基础，并且透过激励人们完成他们预期的成果来达成目标。为 Roger 工作的经验和从中学习到的功课，在我晋升为领导人的过程中，获益极大。

C.P. Lee，MFLEX 全球人力资源副总裁

身为企业的领导者，Roger 了解市场的情绪，掌握他所领导的人的脉动，能凝聚所需的资源，比竞争对手更好地服务顾客，并且以严守纪律的态度执行业务计划，藉此完成一个接一个的战略目标。

身为一个人，比起说话，他更常倾听。他让别人深信他无懈可击的理念，对于在中国培养年轻人才展现浓厚的兴趣，坚持自己的承诺，并要求团队成员相互尊重；他总是谦和待人，以高度的道德原则与人来往。

孔先生让我印象最深的就是承诺的重要。一旦签订了协议，承诺

就会坚持到底，直到达成预期的结果。这意味着没有借口、没有责备，只有完成事情的决心和毅力。此后，在我的职业生涯发展中，我一直抱持着这样的价值观。

Tom Masci，Milennia Asia Pte Ltd. 总裁

和 Roger 共事时，我不会感到失望。他的直观式领导，让他在亚洲手机业务和将团队发展到最好这两件事上，有着显著而快速的变化。他是一个有远见的领导人，拥有堪为模范的沟通技巧，这让他能够说服他的成员，分享他对于亚太手机市场可以并且应当成为什么样的愿景。

在发展市场之前，他已经先看到了发展的趋势。他重新安排、调整他所领导的产品研发团队，让他们和我带领的销售与市场营销团队配合无间，以当时的摩托罗拉来说，这份能力非常神奇，因为那时的摩托罗拉，在全世界的经营中都显出了内部功能的冲突与失调。

Roger 对他的团队成员忠诚得令人难以置信，他尊重他们，并经常在他们做对或做错的事情上给予"慈父"般的建议。他的口头禅是教导和鼓励团队中的每一个成员，不管他们的职位高低，让他们努力、聪明地工作，透过协力、创意和具有弹性的策略（而且总是有一个应急的"B 计划"以确保目标成功）来达成组织的共同目标。

在摩托罗拉的 30 年里，我从来没见过比他更面面俱到、更受到尊敬、更有纪律、更专注、更具远见的经理人。他是一个真正宽容的

经理人，在东方与西方的文化间建立起桥梁，带出了个人与组织的最佳绩效表现，不论他们有怎样的背景与文化。和 Roger 共事是我的职业生涯中最难忘、最满足的一段时期，过去如此，今后亦然。

Tom Okada，Aplix 总裁

我相信，Roger 的领导力在企业的各个领域，如销售、市场营销、产品销售和工程发展等方面，所创造的强大合作与执行文化，正是摩托罗拉能在中国市场占据首位，以及恢复日本市场占有率的关键。

Jason Pan，Motorola Mobile Device 服务总监

我大学毕业就加入联想工作，对联想无限热爱并伴随着联想的成长而学习成长着。2001 年年底，有人邀请我加入摩托罗拉并有幸和 Roger 交流，Roger 的包容、智慧和高瞻远瞩深深吸引了我，从他身上我看到了柳传志的影子，并安排 Roger 和柳总的会面。最后，我割爱离开联想加入摩托罗拉。

每次参加 Roger 的会议，都感到特别有收获，他对行业的超前理解，对业务布局的游刃有余，都会带给团队无比的信心和激情，每每想起，我都对能有机会在 Roger 旗下工作感到自豪。他对我在摩托罗拉的工作和学习影响深远。

Roger 喜欢打篮球，在激烈的对抗中攻城拔寨，如探囊取物一般。他的热情、激情、充满活力，给我们非常积极的鼓励。我一直坚持打

篮球并从中感受这份激励。

Roger 是我认识的外企中最优秀的经理人，他是摩托罗拉人人称颂的丰碑式人物，无论他做什么，都会有很多人愿意追随。

Paul Pelski，Paratek Microwave 亚洲总经理

我的职业生涯中最愉快的工作经历，就是参与亚洲市场的那段时期，在 Roger 的领导下，和一个特定的摩托罗团队履行我的任务。

Roger 和我以前报告过的领导人很不一样。在面对团队一定会有的争论或问题时，他很少诉诸情感，更多的是合作与沉思。他明确地界定了目标，在短期达到损益的"迫切"要求以及新颖的全新成长方向所需的必要投资之间，维持良好平衡。Roger 是亚洲地区 ODM 业务的"父亲"，ODM 这个字眼，在 20 世纪 90 年代还并不存在。

Ron Thomas，前摩托罗拉副总裁兼 PCS 东南亚总经理

在和 Roger 共事的 5 年间，他培育了许多新的经理人，特别是来自亚太地区；组织也不断发展，将产品设计和针对亚洲的市场营销都提升到最大限度。摩托罗拉能在新兴的亚洲市场大幅扩展市场占有率和盈利，这是极为重要的一步。

为 Roger 工作，是我职业生涯中最积极的经历之一，他和组织里的其他人一样，对我的进步与成长帮助极大。在他来到之前，这个

地区颇受以美国为中心的管理人之苦，Roger 为这个地区带来了正确的心态。有时他可以是亲切的，但必须强硬的时候他也决不让步；在合并亚洲和摩托罗拉的文化上，他做了很好的结合。

Grant Zhou，三星中国手机市场部前总经理、中华英才网前 CEO

作为领导者，必须有强大的推进力。在 Roger 的强力推动下，手机部开始开发专门针对中国市场的产品。如第一个中文接口的手机、第一个中文短信息的手机，以及中文 PDA 手机。我在 Roger 的领导下，建立了中国的本地产品规划部门。

作为领导者，必须能够给予员工适当的指导和培养。由于时代的局限，本地员工主要是由技术出身但管理和运营经验有限的年轻人组成（我在手机部的第一份工作就是把英文的 UI 文本翻译成 ASCII 代码），思考问题往往局限于技术及眼前得失。而 Roger 教给大家如何把技术优势转化为商业优势。中国员工多内向、不愿意争执，而 Roger 则鼓励大家为了更好地完成工作而进行争论。他多次讲过："在一个项目开始时，为了大家的面子而回避矛盾，会因此而无法完成项目，最终大家都没面子。如果为了一个好的结果，开始时大家发生冲突，最终仍会归于和好。"这也成为我教育团队的经常话题。在 Roger 手下工作过的员工，后来很多都成为各大公司的高管。

作为领导者，必须考虑战略层面。我在 Roger 领导下，参与策划和领导过多项重要的战略项目。从早期作为项目经理协助管理层在中国大陆进行合资公司谈判和建立，到后来领导并建立以 OEM/ODM 韩国产品为核心而建立起来的中国 CDMA 业务。在此过程中，深刻地学习到前瞻性的思维和利用对外战略合作来弥补公司的缺陷。

作为领导者，必须有能力在多元文化的环境下带领团队。Roger 的团队包括来自美国、中国、中国香港、中国台湾、新加坡、马来西亚、韩国、日本等十几个国家和地区不同文化背景的员工，Roger 显示了卓越的领导力和亲和力。我在此期间也学到了领导跨国（跨地区）团队的技能和经验，为后来的职业发展打下坚实的基础。在摩托罗拉工作，特别是手机部工作，使我得到了从初级职员进入高管的经验和技能。

让生命是上行的台阶，看见更辽阔的风光

有一次，卡内基培训专家向挤满礼堂的家长、学生提出一个问题："你对孩子未来最大的期盼是什么?"在家长们高高举起的一大片手中，培训专家点了几位父母发言，父母们的盼望大致可归纳为以下三点。

第一，身体健康；

第二，家庭幸福；

第三，事业成功。

然后，培训专家打开投影机，播放了几个很有权威的统计资料，结果一屋子的家长发现，原来自己的想法和世界各国的家长都一样。

有时候，人们并不清楚自己最想要的是什么，但是都很清楚最想让自己心爱的孩子拥有的是什么，而这份最热切的盼望，也正反映出我们自己内心对于人生最深刻的渴望。

虽然"身体健康""家庭幸福""事业成功"这三点具有普世性，基本上囊括了人生在世拼搏奋斗的所有目标，却不是那么轻易就能达到的；也正因为如此，如何赢得它们成了人们最深切的关注。

关于人生，南加州大学的哲学教授韦勒（Dallas Willard）曾做过非常精辟的分析，他把人生分成 4 个阶段，并用 4 个英文单词来概括，简称 4S。

第一，奋斗（struggle）；

第二，成功（success）；

第三，意义（significance）；

第四，服膺（surrender）。

首先是"奋斗"，也就是努力争取成功，这是我们从小到大求学、工作的过程；其次是"成功"；再次是"意义"，也就是用自己在前两个阶段所获得的资源、经验、知识和能力去帮助别人，而感受到满足。在这个阶段，帮助别人的初衷无论是出于某种程度的哗众取宠，还是对人生意义的追求，到后来多数人都会被由此而来的满足感深深吸引，并引发进一步思考；最后阶段是"服膺"，意味着所做所为完全与自己的生命目的契合，心里充满平安及意义。只有在此时，才是找到心灵的终极归宿，在清晰地认知并执行自己的使命，而达到灵、魂、体完全整合及和谐的天人合一境界。

不过，韦勒教授没有进一步分析，在人生不同的阶段会有哪些挑战，应当如何面对，这引发了我很多思考。不同的人生阶段一定会有不同的挑战，不同的处理方式会带来非常大的差异，可谓差之毫厘、谬以千里。我们在这个世界上的旅程只有一次机会，而这一生所行是否为上行之旅，正取决于人生中面临许多重要挑战的结果。面对这些"关键时刻"的挑战应当如何处理，也就成了人生极为重要的功课了。

➤ 从啃老族到空虚的成功者，问题出在哪里

有一次到中国南方一个美丽城市旅游，坐在车里看到外面成群结队的年轻人在闲逛，我忍不住问："今天是礼拜一，为什么这些年轻人都不上班？"年过半百的出租车司机无奈地说："都是啃老族啊！""为什么不上班？"我继续追问。司机看了我一眼，说："为什么？！看得上的工作做不了，做得了的又看不上呗！"

在很多发展中国家，甚至是发达国家，年轻人从小由于没有得到恰当的锻炼，以至于进入社会时惶恐不安或眼高手低，经不起一点风浪，有的甚至被自己想象的风浪吓倒，退缩回父母的庇护下；啃老，成了越来越广泛的世界性的社会问题。

在啃老族中，存心想要赖在父母身上的应该不多，多数是在面对人生的关键时刻因一筹莫展而退缩了。也许此刻他们还没有意识到，自己是在成人时的第一个关键时刻败下阵来，更没想到，自己因为在面临挑战时做了错误的选择，而错过上行的好机会。

这些失败者，误以为要赢在起点，以为要靠资格（学历、年资、经验、证照等）才有机会，结果一直都在预备的起点打转，无法迈开前进的步伐；或是在比赛中碰到困境，又退回到准备的起点，始终无法抵达终点。

人生的每一次退缩，不只是一次机遇的浪费，更是踏入下滑的一步，以后要面对的只会是更加艰难的旅程。除非整理自己的心思、勇敢接招，学习和培养管理人生的智慧和能力，否则人生的旅程还没有真正开始就已经不断下滑了。

即便是对已经勇敢地进入职场的人来说，如果没有恰当的训练和学习，奋斗也不必然会带来成功。职场上诸多的酸甜苦辣，让许多人对自己面对关键时刻的一筹莫展而深感遗憾。最令人扼腕的是，当职业生涯中那些决定性的时刻出现时，很多人根本就没有实时辨识出来，平白错过了很多上行的机缘。

事实上，即便是所谓的成功人士，也不见得拥有幸福人生的三点。当卡内基培训专家接着挑战那满满一礼堂的家长，问谁愿意为自己的人生打上完美的幸福指数时，只有一只孤零零的手举起来。

我遇到过很多在他人眼里是光鲜辉煌的业界精英，他们辉煌的背后却是种种的困扰和迷茫，有的在家庭关系中陷入了困境；有的在管理企业时，面对公司内外各层面的需求却理不出头绪来；有的身休出了状况；也有的在这三方面都问题重重。

我也遇过一些非常成功且胸怀大志的企业家，他们在事业成功时期望为社会贡献一些正能量，但内心深处却因在奋斗的过程里丢失了使命，以致茫然不知心灵的家园在哪里，不知如何让自己的身心与灵魂深处的自己达到完全的和谐。

没有人初入职场就打定主意想陷入困境，没有一个年轻人是一心只想成为啃老族，也没有哪个高级经理人或企业家，想把自己或公司带入绝境，更没有人在结婚时就打定主意要把婚姻和家庭搞得一团糟。正好相反，人们无不是带着宏大志向及满心期望开始的，但是，不知为何，却发现不知不觉中已陷入了困境。

看得多了、接触多了，心中就有个愿望越来越强烈，希望自己能在有生之年，继续做社会的贡献者。写这本书，期望能提供些什么帮助呢？

安静思考的结果是，我发现无论是职场问题、家庭问题、社会问题或者是心灵问题，都可以总括为一个问题："关键时刻，我们该怎样认识人生的转折点（即拐点）？在每一个转折点上如何引领自己的人生？"

本来只希望能帮助到遇到挑战的业界精英，开始以后才发现，其实生活中遇到挑战的不只是这些具有决策力或影响力的人，从学生、社会新人到事业发展乃至各个阶段的职场人士，在人生的某些时候，都会有不得不面对的关键时刻，都需要有智慧的思路和解决方案，以扭转局势。

于是，如何提供读者在面临每天不得不面对和解决的问题时，有一个"更敏锐的观察力"及"更清晰的思路"，进而做出"更有效果的解决方案"，就成了我的首要目标。

不过，本书激励行也预备心。除了培养不变的质量、训练应变的能力、采取多元的行动来应对多变的问题，也操练人心能更好地面对严峻的现实，并在工作和生活中获得真正渴求的深度满足。

美国总统罗斯福曾经说："在任何一个关键时刻，最好的决定是正确的决定，其次是错误的决定，最糟糕的决定就是没有决定。"真诚期望本书能够帮助读者不但做出决定，且做出最好的决定；并在每个问题的解决过程中，不断提升自己解决和预测问题的能力，使人生的每个关键时刻，都成为上行的台阶。

➤ 面对 XQ 时代，赢在扭转力

自 2015 年起，人类文明史的演变进程，已正式进入后信息时代，发展中国家已进入十倍速时代，环境变化速度快得令人目不暇接，只要稍不注意，就可能被无情地淘汰。而且大多数成功者都不是赢在起点，而是赢在拐点，且若想要出人头地，不仅得重视 IQ、EQ，还得重视 XQ（变商），唯有练就过人的 XQ，才能拥有过人的扭转力（torsion force），在众多竞争者中脱颖而出。

首先提出 XQ 说法的，当是《时代》杂志（Time）。其曾以"你的 XQ 多高？"（How high is yours XQ？）为封面主题，探讨 XQ 的重要性。《时代》杂志指出，越来越多的企业在征才时，特别检视求职者的个性、人格特质，避免在录用后，其个性、人格特质与产业需求不合，虽然才华出众、认真努力，但无法适应环境的变化，最终水土不服、挂冠求去。

本书中的 XQ，X 指未知数，XQ 则是面对未知挑战的能力，即扭转力。在同学会蔚为风潮的当下，不难发现同侪中最有成就者，不一定是昔日成绩最顶尖者，而是在今日可快速解决问题、适应环境者；其胜出的关键，便在于拥有较高的 XQ。其实，诸多职场人士及企业家之所以成功，凭借的不只是高 IQ、高 EQ，还要有高 XQ，但高 XQ 却最常被外界忽略。

在十倍速时代，无论是职业人士还是企业，成功速度虽比昔日快上 10 倍，但失败速度也比昔日快上 10 倍；职业人士唯有兼具 IQ、EQ、XQ，才能在职场上站稳脚跟，出类拔萃。

在此之前，成功者多数赢在起点，凭恃的是学历、经验、年资、知识、证照；今天，想在职场上出人头地，最佳途径当是赢在拐点，锻炼自己在关键时刻反败为胜、超越逆境、解决困难的扭转力，即眼力、魅力、动力、魄力、德力等五力。

由于职场、产业环境瞬息万变，光拥有竞争力、领导力，仍犹有不足，还得增强扭转力，方能适应各种变化，在关键时刻无所畏惧，不仅可化险为夷，更可化危机为转机。倘若不知补足扭转力，一遇到困难、险阻，因不知运用 XQ 设法变通，势必将不断重回起点，最后身心俱疲、优势尽失，永远无法抵达成功的彼岸。

近年来，职场、产业环境皆与昔日大异其趣，XQ 的重要性亦与日俱增。要在高速竞争中胜出，就必须搭上全球的市场与资源，因此，企业的竞争不再是"今日产品竞争"（competing for today product），而是"创造明日市场"（creating tomorrow market）；企业的组织、架构亦从昔日的垂直整合（vertical integration），转变为虚拟整合（vertical integration）；企业营运的核心不再是维护规则与层级（rules & hierarchy），而是追求愿景与价值（vision &

value）的认可。而职业人士的价值、扭转力的重要性，已与解决问题的能力并驾齐驱，前者倚赖 XQ，后者则仰赖 IQ、EQ。

我特别强调，今天若无法创新，成功机率将微乎其微。因为，现今在各主要产业，皆由一独角兽（unicorn）寡占，例如，微软、苹果、Google、FB、腾讯、阿里巴巴皆独霸一方，现仍无可撼摇其优势的竞争者。虽然独角兽横行，且难以与之抗衡，但相对于往昔，十倍速时代却提供了更多创新、创业的空间，只要构想出具可行性的创意，若有及时的资金、人才的支援，再找到正确的商业模式，可能在短时间内便一飞冲天，蜕变为新的独角兽。

本书希望提供给读者如下 4 种全新的思维视角，使其面对人生、职业生涯的种种挑战时，有更充足的信心与准备。

1. 介绍一个新时代：十倍速时代。

2. 颠覆一种旧思维：成功者不是赢在起点而是赢在拐点。

3. 揭示一项新智慧：XQ，即变商。

4. 启示一种成功力：扭转力。

序章
何谓关键时刻

➤ 关键时刻的定义

关键时刻（defining moments）的基本定义是："一件事情的发生决定了以后所有相关事情的发展，而且面对此决定性时刻你必须做出选择；若做对选择，你的人生（或职业生涯）就能往上行好几步，若做错选择，则下滑好几步。"

什么样的时刻是这样的决定性时刻呢？

面对人生难题迷茫不知其解的时刻；

为工作愁眉不展的时刻；

被突如其来的事件冲击而不知所措的时刻；

一个让你觉得很不合理或自尊心受挫的时刻；

有很多选择，却不知如何定夺的时刻；

有太多需要改变而无从下手的时刻；

面对难题让你想要转身逃跑，想请别人替你解决的时刻。

　　此时，你需要的正是擦亮眼睛、寻找挑战的机会。因为这个决定性时刻会把你逼到某个位置，迫使你对自己和周遭的环境做出清楚的认识，并激发你凭借着此认识去做出决定。不过，要认出自己人生中的关键时刻，并不是一件容易的事。

　　关键时刻有个重要的特质，即"在此决定性时刻，所处的状况或环境，是一种考验和考察，能够揭示一个人或团体最根本的本性，及内心最深处的渴望"。

　　因为在整个过程中，你的本质和品行会被迫清晰地展现出来，如果在此时，能聆听自己的声音、遵循内心的指引，而且是有意识地审视这些本质和品行，对个人或团队的成长都是非常宝贵的机会。因为这种内视带来的结果，不但能够改变当前的境况，还能给自己或团队一个更新、更深、更广的自我认知，从而改变和提升自己或团队的潜能，达到从未想过及预料的结果。更重要的是，可以带领你或团队走上顺天应人的路途。

　　所以，当你遭遇一种困境的第一反应是退缩时，就要提醒自己再考察一下，也许这就是一个重大的关键时刻。因为人类的本性是求安逸，是不欢迎充满着动态和变量的关键时刻，当碰上了，第一反应常常就是退缩。

　　关键时刻处理得好，不但在解决问题的进程中往上提升一步，也会让人信心大增并进而整合团队，产生积极向上的态度，期盼将要发生的新挑战，形成一种进取的良性循环。

　　处理不好，不但个人事业受挫，接下来要面对更多的团队问题，对自己的能力和信心也会是沉重的打击，使人产生消极退缩的态度，不敢面对搞砸的现状，更畏惧以后将要出现的挑战。

总括来说，关键时刻多半看起来像是逆境，但真正的涵义却是个转折点，是一个能帮助你聆听内心声音的时刻，因为这个时刻可以：

1. 重新定义你的人生意义，使你更相信自己。
2. 重新定义你的人生目的，帮助你冲破逆境。
3. 重新定义你的真实身分，活出唯一的自己。
4. 重新定义你的成功价值，找到当行的使命。

➤ 如何面对关键时刻

辨认出关键时刻之后，就需要有效的应变能力了。这种扭转局势、改变发展方向的力量，如"前言"所述，我称之为"扭转力"（torsion force）。扭转力细分为 5 个层次的力量（五力），这 5 个层次对应人的 5 种基本潜能，具体的外显表现则是我们一般看到的"管理"和"领导"两个面向。需要澄清的是，管理不只是"管理他人"，也可以运用在"自我管理"上，管理的真正精神是自律律人；同理，领导也不是只有"领导他人"，也可"自我领导"，其精髓就是中华文化里的"己达达人"的境界。

希望本书能以我丰富的职场历练为素材，由 30 多年的"管理和领导"实务经验，凝聚出具体的扭转五力操练法则，进而激发读者应用这些潜能，有效解决生活或职业生涯上碰到的问题并改变局面，使自己的人生稳步向上、向前。

对应人的基本潜能的扭转五力如下：

1. 眼力（envision）。
2. 魅力（energize）。
3. 动力（execute）。
4. 魄力（edge）。
5. 德力（ethics）。

当你不满现状且希望化危机为转机时，首先需要的就是有"魄力"做出艰难的决定，而且必须既能勇于担当可能的负面后果，也要有胆识做好应变工作。一旦决定改变，下一步就要面对问题，也就是必须要有能够找到解决之道的"眼力"；眼力是人追逐梦想和愿景的能力，也是评估局势并改变方向的能力。

每个人都必须与别人相处合作，同时照顾到自己和别人的情感需求是最重要的，"魅力"能够在任何情况下，尤其是负面的环境中，激励自己也激励别人。

再完美的计划都必须落实到行动中，特别是在关键时刻如何解决难题。"动力"能够让人在行动中发展出一套可行的计划，并且坚持执行直到目标达成。

借助这种执行力把决定性时刻带往何方，最终取决于人的"德力"。

德力不只是讲诚信或是一个更高的道德标准，而是能让一个人或企业长期成功的能力，因为它起了区分的原则，让人在面对重要又有争议的事情时，有平衡的作用，即在妥协中仍能坚守自己的道德底线。此外，解决问题不可避免地会有出现差错的时候，这时还需要有承认做错决定或没做成事的魄力。这些能力从根本上来说，都属于人的德力范畴。

再者，每个人都期望事业成功、家庭幸福，如果德力出了问题，这些方面也容易出现问题。人不能只为追求事业成功而养成不好的生活习惯，进而影响身体健康和家庭幸福，这都需要德力来平衡。唯有一切都建立在德力的基础上时，人才能真正做万事时都有内心深处的平安感，也才能有健康的灵、魂、体，也才能够得到我们内心深处真正渴望的"身体健康"、"家庭幸福"和"事业成功"。

➤ 人人必备的扭转五力

这五力，就像一个人，眼力代表着一个人的头脑，任何时候要先想清楚然后再去做。魅力和动力好比是人的双手，魅力的重点是带好人，动力的重点是做对事。魄力则犹如双脚，是调整应变所有事件的重心。德力代表心，指引着人良心上的平安。当这五力得到良好的发展时，就好比一个人平衡发展、身心健全；这种健全让人在关键时刻能够临危不乱。

对仍在学习阶段的年轻学子来说，这五力是（请见图一所示）：

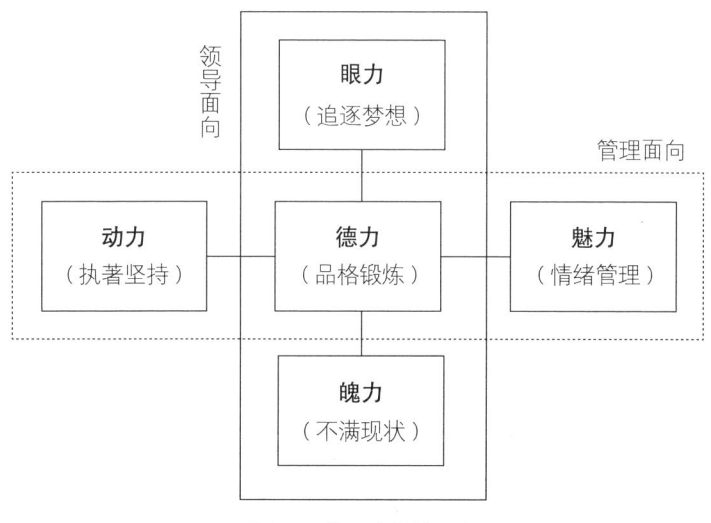

图一　学习阶段的五力

1. 眼力，就是追逐梦想的能力。对事事好奇，不因理所当然而局限自己的思考领域。

2. 魅力，就是情绪管理的能力。懂得相信自己、激励周围的人。

3. 动力，就是执着坚持的能力。懂得开创出与他人不同的做事方法。

4. 魄力，就是不满现状的能力。不墨守成规、不盲目服从权威。

5. 德力，就是品格锻炼的能力。信守承诺，做个值得信赖的人。

为人父母者，如何协助子女面对 XQ 时代？仍是不断地补习、补习、再补习，如填鸭般地灌输各种知识，还是适时培养孩子独立、应变的能力？

对职场上的工作者或经理人来说，这五力如下（请见图二所示）。

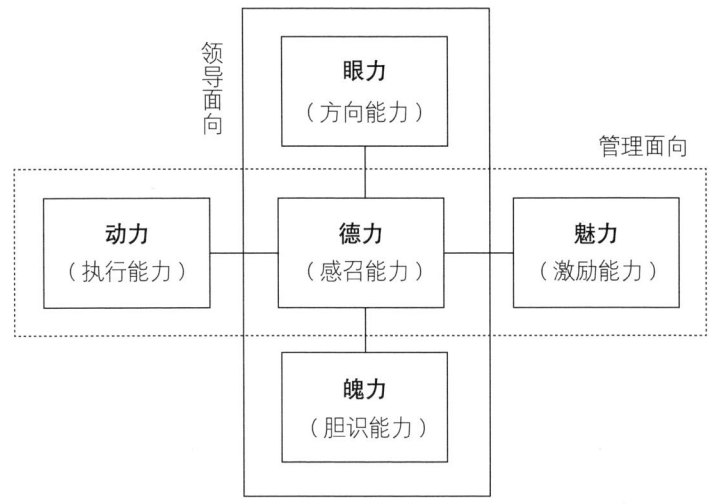

图二　突破职场困境的五力

1. 眼力，就是方向能力。能清楚说明共同的愿景，并带领同事一同追求这个愿景。

2. 魅力，就是激励能力。能吸引人才，并引导人才尽心竭力地投入工作。

3. 动力，就是执行能力。有能力规划出具体可行的方案，并坚持执行直到达成目标。

4. 魄力，就是胆识能力。在执行任务中，可以应变所有的问题与机会。

5. 德力，就是感召能力。面对重要又有争议的困难时，学会妥协与坚守道德底线。

身为职场中人，应如何面对 XQ 时代？是仍然不断地考取各种证照，或攻读更高的学位，还是适时培养自己独立、应变的能力？

对企业家或高级主管来说，这五力如下（请见图三所示）。

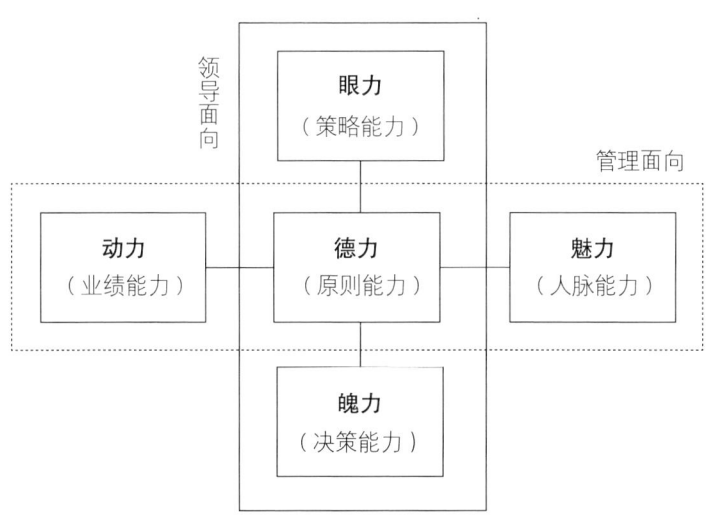

图三　冲破企业瓶颈的五力

1. 眼力，就是策略能力。能够预期未来的市场需求和机会，以及设定策略方向。

2. 魅力，就是人脉能力。能够自我激励并激励和影响他人。

3. 动力，就是业绩能力。在执行的过程中，充分掌握每个环节并取得满意的成果。

4. 魄力，就是决策能力。敢做决定及承担后果，并将团队带到更高的挑战层次。

5. 德力，就是原则能力。坚持诚信经营、尊重他人。

赢在
扭转力

身为一个企业家或高级主管，应如何面对 XQ 时代？是仍然采取旧有的营运模式，希望苦撑待变，还是适时培养自己独立、应变的能力？

对此，我以下图四总结得出本书的期许。希望这些能陪伴读者在面对决定性时刻，或是需要扭转的情境，或遇到不如意状况时，在静中决定自己的人生，然后有魄力去改变，有确定方向的眼力、有足够的魅力在解决问题的过程中激励自己和他人，也有足够的动力取得最佳结果，而且能够在做所有这一切时，都能因为德力而拥有内心深处的平安，走上人生上行之路，活出与众不同！

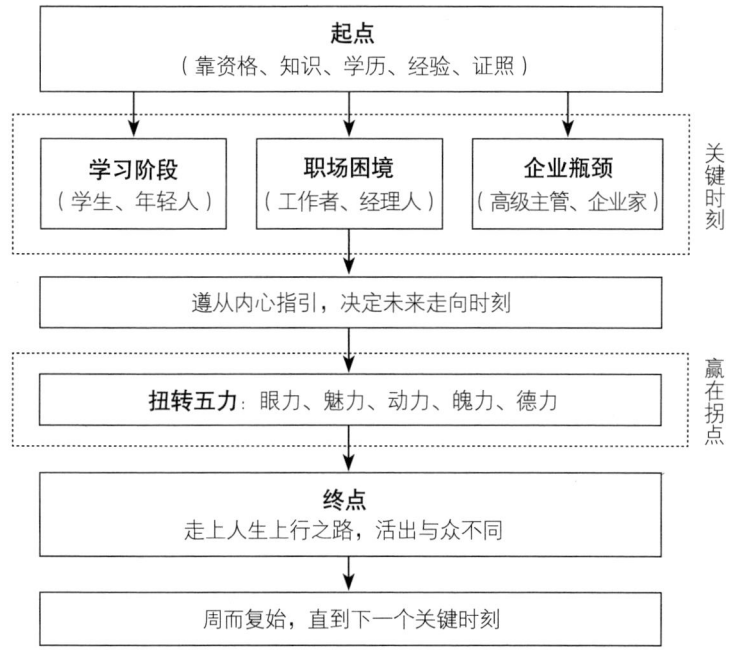

图四 关键时刻 → 扭转力 → 活出与众不同示意图

Part 1

眼力

要往哪里走

你要的人生，从独立思考开始

不论在职场或日常生活中，一定要努力争取"思考主导权"，不要人云亦云。但是，思考主导权不等于具有发言权，如果没分辨清楚是会立场混淆的。

常听到周围的一些人感叹，无论是职场还是人生，总找不到明确的方向，过着得过且过、随波逐流的日子。终日为工作忙碌却一事无成，眼睁睁地看着同侪或后辈一个个加速向前跃进，自己却原地踏步，甚至有如一潭死水般停滞；生活繁琐枯燥、找不到乐趣、找不到成就感，无奈地浑浑噩噩过一生。

书店里教导职场、人生成功之道的书籍汗牛充栋，为什么能从书本里找到答案和方法的人却不多呢？在我看来，有些书籍不是没提到关键因素，而是寥寥数语没有深入，但更重要的是读书的人欠缺用心探讨、理性剖析的"独立思考能力"，以致这些职场或人生励志书最终还是发挥不了作用。

想要解决问题，却怎么也抓不到重点；即使想出数个解决方案，却在不同方案中摇摆犹豫，无法确认哪个最佳；纵使鼓起勇气提出意见，却因为缺少独特见解而被他人当成耳旁风；向长官、客户报告，虽然讲得口沫横飞，却因言不及义而得不到任何回应或共鸣……

造成上述种种现象的根本原因，可以归咎于没有"独立思考能力"及"思考主导权"。纵使学历再高、书看得再多，少了这个训练和能力，注定还是会处处碰壁的。

若在寻常时刻，即使人云亦云追随权威，伤害并不大；但在终于可以展现自己的关键时刻，因不知独立思考、自我迟疑，脑海中的数据知识支离破碎，想法多却彼此缠绕纠结，导致无法在最短时间内做出最正确的决定或表现，就白白错失了可以奋力一搏的难得机会。

什么是独立思考呢？独立思考是指懂得主动思考、展现自由意志，并争取属于自己的思考主导权。

思考主导权又是什么意思呢？即在与他人对话、互动的过程中，不被他人的思路、想法所影响，也非完全顺着他人的思路、想法去思考；相反，还可以引导他人顺着自己的思路、想法来思考。

独立思考之所以是职场、人生成功的关键因素，原因就在于具有影响的力量。你的思考力比财力、权力更重要；一个人可失去发言权、主控权，但万万不可丧失独立思考的能力；一旦丧失了，基本就注定无法出人头地了。

唯有懂得独立思考，熟稔独立思考的技巧，才能适时掌握关键时刻，晋升为领导者。在成为领导者后更得切记，其他权力皆可向下授权，甚至外包，但无论任何情况下一定得牢牢掌握自己的思考主导权，特别是在谈判时。

子曰："学而不思则罔，思而不学则殆。"学习、思考两者不可偏废。独立思考不是漫无边际的幻想，亦非静静等待灵光乍现，而是一种系统学习的方法及能力，可重新排列组合脑中的知识，使其从"死知识"变成"活知识"，有组织、可活用、能应变，让人有清晰的思路；当职场、人生遭遇瓶颈时，可藉此能力快速找到脱困的途径。

然而，当职场、人生陷入困境时，大多数人都误以为问题在于自己的知识不足，于是拼命读书或请教他人，结果是越拼命越乱，最后筋疲力尽。殊不知，病灶不一定是知识匮乏，只要好好思考，充分运用已有的有形、无形资产，就算眼前山穷水尽疑无路，也可另辟蹊径而柳暗花明又一村。

➤ 具备独立思考的五个元素

如果将思考具体化，亦有其质量与向量。唯有兼具质量、向量，思考才具备动能与力量。根据我多年的观察、省思，思考的质量是指直觉性（intuitive）、关联性（relevance），思考的向量当为整体性（integral）、旁通性（across discipline）、预见性（future）。

什么是思考的"直觉性"？就是在庞大或不完整的信息或数据中，能很快地看出重点或疑点。要培养这种直觉能力，有赖于持续不断且系统化地整理、消化所接触到的信息。一旦建立了直觉能力，纵使在信息很少或时间非常紧急的情况下，你也能想出独特或新颖的解决方案或决策。

解决问题常依赖直觉，但如何培养直觉却最为困难。应该如何培养直觉呢？当遭遇问题，或平常惯用的思维模式遇到瓶颈时，不必过于固执，应改用不同的思考模式。最简单的自我训练方法，就是用笔在纸上写下自己对问题的理解，因为写是厘清我们思路最有效的方法；若写不下去时，要试着去找数据或请教他人，直到写成，并养成习惯。久而久之，直觉将越来越强，当遭遇问题时，可在最短时间内直指问题核心，不受庞杂的细节干扰。

思考的"关联性"和"旁通性"则是建构在直觉力下，是能在很短的时间内看出信息或问题的关键点、看清事物的真相，以及触类旁通、跨界思考、解决问题的能力。

思考的"整体性"，顾名思义，就是你的直觉性判断不是针对一个点、不是单方面的结论，而是系统性、整体性的思索。有了整体性的视野，在沟通复杂的观念时非常有用；处理结构性的大问题时，也非得有整体性的思考力才行得通。

有了前面的4种思考能力，再加上对新事物的持续关注，对未来趋势的敏锐度甚至创造趋势的"预见性"，就水到渠成了。

经过独立思考训练后的头脑，犹如一个最好用的搜索引擎网站（就像 Google 一样），它具备以下功能：

一是在接到输入的关键词后，会在最短时间内找到最正确的数据——直觉性、关联性。

二是继续搜索下去，能提供更完整及相关的信息——整体性、旁通性。

三是能拼凑出未来的趋势、走向——预见性。

➤ 个人运用这五个元素的例子

我初入职场是任职于 RCA（美国无线电公司），虽然从台湾交通大学到美国罗格斯（Rutgers）大学念的是科技，但对半导体的了解与文盲无异，计算机更是一窍不通，一切都得从头学起。

幸运的是，RCA 很注重员工的在职培训，每天下班后有各领域专家开设的课程。之后两年，我特别选修计算机、半导体课程，没有一天间断；在工作时，更是不断向前辈请教各种问题。

在"听懂"前辈的答案后，自以为对问题已彻底、全盘理解，直到有一天，同事询问我相同的问题，我的回答却零零落落、支离破碎，无法说清楚，我才发现自己并没有真正理解。于是下定决心每天下班后再留在办公室两个小时，将白天探讨的议题以自己的想法重新整理、书写下来；一旦词穷、语塞便立即着手搜集资料、反复思考，或再回去讨教，直到完全理解通透。从此时起，我终于懂得养成独立思考的习惯。

在职场上，职业人士最常遭遇的两个瓶颈，一是无法解决难题，二是发言没有分量。无法解决难题的原因，关键在于面对难题苦无对策，或有解决问题的灵感，却是支离破碎、含糊不清，无益于解决问题；发言没有分量，原因在于发言时无法切入问题的重点。在诸多企业中，当为解决问题而开会时，一开始总是众口纷纭、莫衷一是，但最后却常有人一语中的、提出最佳解决方案，同时还提出其他潜在的问题；纵使过去的表现并不显眼，但经过这次的表现之后，此人未来势必成为公司重点栽培的潜力新秀。

想找出问题的最佳解决方案，就得凭恃独立思考。独立思考并不高深玄妙，每个人都可以通过自我训练完成。以我来说，书写练就了我的思考直觉性，只是日后重看每个议题论述的三四页文字，仍得花时间去思考来龙去脉；后来，我强迫自己将这三四页文字再浓缩、精炼为两三句结论。这个做结论的训练，培养了思考能力的关联性和旁通性。

后来，我进一步将文字中所提到的人、事、物的关系，画成一张图表，借此训练思考的整体性、预见性。有了这两三句结论与关系图表，让我不会困在庞杂的细枝末节里，而有宏观的视野和找出关键核心，有时更能预见未来。

➤ 如何展现思考主导权

有了独立思考的能力，也千万要有训练"思考主导权"的习惯。我在担任摩托罗拉（Motorola）亚洲通信业务总裁时，曾靠着这个思考主导权，让公司免于巨大的损失。

有一天，负责销售的副总裁慌张地前来报告，说我们的最大客户指控我们的零组件有瑕疵，要求降价10%。这位副总裁提出的解决方案是，建议降价5%以平息事端。明显的，副总裁已受对方思路的影响，被对方牵着走，以为唯有降价方可解决问题。

这个客户占总体业绩的10%，处置不可不慎。最后，我决定亲自致电这家公司的总裁，提出了不同于先前的解决方案，即每一个有瑕疵的零组件，摩托罗拉免费提供两个全新的零组件。结果对方爽快地接受我的提议，而将公司的获利损失降至最低。在沟通的过程中，我做的就是争取属于自己的思考主导权，完全没提对方先前提到的降价赔偿！

已转型为社会贡献者的我，在教授过的职场课程中，独立思考是最受欢迎的课程，许多听众在课后告诉我，深受我的言论启发，声称从今天起便要练习独立思考。但这门课却也是让我最失望的课程，因为长期坚持的人非常少，半途而废者不计其数。

原因为何？其一，我之所以领悟独立思考，关键在于时势所逼，非如此难以在职场立足，然而前来听课的听众不一定正逢四面楚歌、腹背受敌之境，所以缺乏练就独立思考的动力。

其二，许多人将练习独立思考当成一个目标、一项任务，却无意养成独立思考的习惯。因此，愿锻炼独立思考者，常常只有几天的热度就不再坚持；唯有坚持到已是日常生活的一部分时，独立思考方可慢慢成型，源源不绝地生发出具建设性的创意及方案！

ENVISION

学会思考操练，以逻辑力说服他人

学习的最终目的，是学会自我学习，并让学习成为人生一大乐事。

尼采曾言，大多数人一离开书本便不知如何思考。离开校园进入职场，许多上班族碰到疑惑、困难、争执时，或呆若木鸡或惊慌失措；而绞尽脑汁思考出的解决方案，却无法让上司或客户了解接受。此时，诸多上班族误以为症结在于专业知识不足，于是利用下班或假日猛读书，甚至到补习班报到，努力考取各种专业证照。然而，即使耗费大量的金钱和时间，考取族的专业证照及学位，面对困境时依然是无所适从。

➤ 东方教育不鼓励思考

真正的症结，通常是拥有丰沛的专业知识、经验，却无法将知识、想法组织化，并完整精准地传达给他人。所以，应该努力的是改变学习方式，不断进行思考操练，让自己不再创意丰沛却语无伦次。

相较于西方，东方人普遍未受"批判性思考"（critical thinking）的训练，原因在于教育制度不鼓励学生独立思考。东方教育是灌输式教育，特点是上课定点定时、课程由教师主导，只教统一教材、试题皆有标准答案。受此规范式教育出来的学生，就业后因不擅独立、组织性思考，多半仅能提出肤浅的建议，无法进行更深度的判断和抉择。

根据研究，在大学之前东方学生的表现多半优于西方学生，但在大学之后西方学生的表现后来居上，解决问题的能力随着受教育年岁的增加，两者的差距越来越远。

大学以前我皆在中国台湾就读，接受典型东方式教育，原本亦不知如何独立思考。一直到美国留学、就业后，遭遇两次巨大的学习震撼，发觉若不彻底改变学习与思考方式，就无法在校园、职场立足。经历数不清的尝试、琢磨，终于锻炼出自我学习、独立思考的能力，并将学习范围扩及多个领域，让学习成为人生一大乐事，迄今从不懈怠，终生受益不尽。

到罗格斯大学攻读硕士时，我第一次感受到学习震撼。美国的学习环境、方式与中国台湾截然不同，教授平易近人与学生打成一片，学生热衷发问，有时问题天马行空，不断质疑教授和书本上的观点，人人为自己相信的理论奋战，但绝非意气之争。

即便在课堂上针锋相对、吵得面红耳赤，但教授及学生都有倾听不同意见的雅量与风度。更令我惊奇的是，每一位教授皆准时上课、准时下课，绝不迟到早退；我才深刻体会到，尊重他人的时间是对他人最基本的尊重之一。

在研究所，我最畏惧的课程莫过于专题研讨会，原因无他，课程进行方式与我习惯的灌输式教育大异其趣。每个星期教授都会挑选学生主讲一个专题，题目由被挑中的学生自己决定，在专题报告后开放其他学生发问，但我通常作壁上观，全程保持缄默。

保持缄默的原因有二。其一，我不清楚其他同学为何如此"愚蠢"，问题总围绕在最基本的观念中打转；其二，我担心在发表意见后会遭其他同学质疑、反驳。所以，每到专题研讨会，我不断看表如坐针毡，深感时间漫长。只是，教授却不断鼓励同学发问讨论，让我倍加痛苦。

即使万般不情愿，我还是被教授挑中。经过缜密的准备，加上多次演练，自以为专题报告相当完美，没想到同学的问题攻势一波接着一波，几乎让我招架不住；人生第一次面对如此多的批评、质疑，让我沮丧不已。但下课后，同学们立即作鸟兽散，刚才的猛烈炮火瞬间烟消云散。

上过几堂专题研讨会后，我发现自己在思考上有诸多未曾发现的盲点。于是，我尝试将自己所想、所理解的，用纸笔记录下来，当文思枯窘之际再向他人讨教。日积月累后，慢慢发现自己的思考亦有独到之处。

➤ 多向上司、同事请教

第二次的学习震撼，发生在初任 RCA 初级工程师。我发觉自己不仅与实务脱节，面对各部门的观点歧异更束手无策。为了赶上其他同事，我被迫学会独立思考，学会以设计、测试、生产、品管、市场、财务等不同角度思考问题，并开始以英文为第一语言，突破与同事、上司的沟通藩篱。

经过长时间观察，我发现各部门的争执点在于彼此关注的重点不一。同一个产品，设计部门关注性能良莠，测试部门关注可否顺利通过测试，生产部门关注成本高低，品管部门关注质量好坏，市场部门关注市场价格，财务部门关注利润厚薄。一位优秀的工程师在设计产品时，应顾及各部门的关注点，找到其中的平衡点。

为此，我常造访其他部门，由其关注点出发，讨论其对产品设计的建议，多半获得正面、热烈的响应。经过与其他部门同事不断对话，强化我触类旁通的直觉，亦帮助我建立多元、组织化的知识库，成为我日后担任经理人的坚强后盾。

其实，只要多与同事互动，详读各个部门发送的电子邮件，参加会议时专心聆听，找寻适当机会向上司、优秀同事请教，便可获悉最新的产业知识和信息；并以文字记录所听到的知识信息，若有不解之处当用心查证，再尝试将文字、数据转化为图表，且铭记在心。经过多年的积累，在我脑海中已形成不同领域的知识模块。

若要改变学习、思考方式，就得做到以下三点：

1. 勇于挑战权威。

2. 炼就批判性思维。

3. 破解思考盲点。

但谨记人事分离原则，再勇于挑战书本、教授、上司、传统等权威。听闻新知后应先思辨再决定是否接受，方能建立严谨的思考。唯有突破单向思考模式，发现与他人思考模式之歧异，建立整体性、多角度、有系统的知识库，才可破解思考盲点。

➤ 如何进行思考操练

我建议可分为三法则、六步骤，按部就班操练。

法则一：信息处理。可分为"信息吸收"（步骤一）、"信息编辑"（步骤二），强调更深、更广、更主动、更积极地吸收信息，并经由过滤、理解、写下、反思，在将信息转化为知识的过程中，培养思考的"直觉性"及"旁通性"。

法则二：知识处理。可分为"知识整理"（步骤三）、"知识储存"（步骤四）、"知识模块"（步骤五）。知识整理是在有条理写下的知识中，再总结出几个重点，旨在不被细枝末节的事物缠绕而培养"关联性"；再以画出相关事物的图表培养"整体性"，此步骤是知识的提炼，如此有利于快速铭记吸收新知、储存知识，并不断扩充知识模块。

法则三：知识应用。即解决实际难题，其步骤为"仿真信息匹配"（步骤六），旨在增益直觉性判断能力。当累积足够的知识模块，便可应用于生活和职场。当遇到关键时刻，便启动脑中的搜索引擎，找寻适用的知识信息，实时做出正确的判断，培养"预见性"。

最简单的练习方式是，选择一本喜欢的书，根据法则一、法则二写下个人的思考笔记，如果心得超过一页，应再将心得浓缩为几句话的结论，并尽量将文字转化为数个具关联性的图表。之后，再根据这数个图表，可简言意赅地向他人解说读书心得，即代表思考操练略有所成。

思考操练成功的关键在于"慢"与"坚持"，进而不断地"操练、操练、再操练"，切记：欲速则不达。想要在同侪中脱颖而出，思考操练绝不可或缺，它能够为问题找到解决方案，为迷惑提供简明的解释，当局势浑沌不清时可给予更丰富的信息，当犹豫不决时可做出最稳妥、平衡的决定，堪称迈向成功的第一门课！

倘若从童年、青少年时便开始练习独立思考，自当事半功倍。父母可用子女喜欢的方式引导子女阅读一篇较长的文章，并要求他们写下10条心得；如果他们无法写出10条心得，就请他们再看一次文章，直到写出为止。

每篇文章的作者，皆有其思考模式，反复浏览、阅读，为的是彻底了解其思路，而撰写心得的过程，目的在于摆脱作者的思维模式，练习独立思考。在子女写出10条心得后，父母应鼓励子女再将心得浓缩为两个结论，并尝试以图表贯穿统合；久而久之就能得心应手，思考亦将更加顺畅。

一般职场人士锻炼独立思考的最佳时刻，是被指派当会议记录员时。绝大多数的会议记录皆是枯燥、无趣的流水账，几乎无人愿意阅读；不过，倘若记录者可纲举目张地重整会议记录，不仅摘录会议记录的重点，还另制图表与关系图，相信必定让所有与会者耳目一新，从此刮目相看。

会议记录常被忽视，被指派担任会议记录者也是资浅员工；然而，此工作颇为重要，更是部门、企业前进的指南。若以上述态度撰写会议记录，既可深入了解其他与会者的意见，又可训练独立思考，且能彰显自己对工作的用心，堪称一举多得。

志向远大，就下定决心走在时代的前列

人生在世切忌埋头苦干，而要抬头苦干。

在社群网站和实时通讯软件风行之后，许多人找到失联已久的大学、高中、初中、小学同学，甚至连幼儿园的童伴都找到了；于是举办同学会几乎成了全民运动。现今不止青少年热衷参加同学会，连在职场打拼的青壮年甚或已退休的长者，也兴致勃勃地组织参加起各种同学会。

几场同学会下来，你或许会发现有个非常特别的现象，那就是当年成绩最顶尖、最被看好的班上风云人物，不一定是今天成就最亮眼的人。反而是让老师头疼的麻烦生、令父母忧心的不安分子，现在却事业有成、飞黄腾达。其实，学校成绩优劣与职场成就高低的相关性从来就不高，尤其是大学同学，才智都在伯仲之间，但日后的发展却差异巨大，关键在哪里呢？

➤ 有成就的人生，从有目标开始

哈佛大学曾进行一项研究，调查一群智力、学历、家庭背景相差不多的年轻人。采访对象中有 27% 的人完全没有任何目标，60% 的人有模糊的目标，仅有 10% 的人已订定清晰但短程的目标，拥有明确且是长程目标的人只有 3%。

25 年后，哈佛大学再次追踪这批人发现，当年没有任何目标的 27% 的人，当下的工作大多不顺利、生活窘困，也容易怨天尤人；当年仅有模糊目标的 60% 受访者，工作、生活稳定而平淡，几乎都处于职场的中、卜级；订定清晰但短程目标的 10%，多数已成为各产业的中、高级主管。至于拥有明确且长程目标的 3%，经过 25 年的不懈努力，个个皆位居要津，更不乏为社会菁英、企业领袖。

哈佛大学的这个长期研究说明，有明确且长程的目标，是迈向成功不可或缺的因素。但我认为，此目标还要加上一个要素，即必须符合时代的潮流，否则即使全力以赴，努力的结果也会因时代的变动而成为明日黄花。

我读台湾交通大学电子物理系时，班上有几位成绩相当突出的同学，他们最后都选择进入学术界，现在是大学的教授。虽说钟鼎山林人各有志，只是我却认为，以他们的才智却没能参与到这 30 年来电子产业翻天覆地的浪潮中，是令人觉得可惜的事。

还有一个鲜明的例子。20 世纪的 70 至 80 年代，化工产业正值巅峰期，薪资佳福利优，是当时化学系、化工系毕业生就业时的首选，仅有少数人选择刚刚崛起的半导体产业。但至 20 世纪 90 年代以后，化工产业成长趋缓，半导体业跃居明星产业，进入半导体产业任职的化学系、化工系毕业生，这 30 年来累积的发展和收入，远超过在化工产业的同窗。

时代前进的步伐永不停止，也绝不等待任何人。随着科技日新月异，生活变换的速度越来越快，今日风行的事物，到明日可能已成历史；若不想落伍、与时代脱节，而是与时俱进、一直走在时代的前沿，就非得掌握趋势不可。

➤ 具方向性的学习

如何获悉世界与时代的趋势风向呢？我的建议是：

一是应养成阅读优质书籍、杂志的习惯，每年阅读几本探讨未来趋势的书以及订阅报导趋势现象的中英文杂志。

二是在网络时代，数字世界的内容也是观察时代趋势的重要指标。不过，与其日夜都在茫茫网海中"闲逛""瞎逛"，看些肤浅不切实际的信息，不如定期浏览内容深入先进的 TED 网站（中英文都要看），而且网络上有许多全球知名大学及重要研究机构的开放课程，这些也都是掌握世界脉动、终身学习的重要管道。

三是专业工作者除了知识的学习之外，同时也应积极参加公司内外的专业研讨会，争取发言和参与讨论的机会，磨练自己的表达能力而成为相关领域的先行者。若是身为研究者，更是别错过在国际大型专业会议中发表论文，并争取担当审核委员的机会。

四是除了积极参加各种研讨会或沙龙之外，掌握出差时机也是学习的好机会。我以前的部属中，现在在美国及中国当董事长、CEO的不在少数，做得最成功的几位，在出差时都会拜访当地竞争对手的CEO或公司的高级主管，彼此交流市场动向及心得，以掌握行业变化的动向。

➢ 要有勇气走在时代的前沿

然而，知悉时代趋势之后也要进入走在时代前沿的企业，方可随浪潮扶摇直上，创造职业生涯的高峰。倘若因畏难而继续留在舒适圈里的夕阳产业或企业，即使天分过人、努力亦过人，也难挽狂澜于既倒，势必被无情地淘汰。

我在职场上的数次重大转折，正是因为勇于顺应时代趋势而加入潜力丰厚的企业，我的职位、成就方能不断精进，再上层楼。

与我同时期到美国的中国台湾留学生，绝大多数希望快速取得博士学位。而我是在拿到罗格斯大学硕士学位后决定就业，即使我的指导教授已帮我申请到全额奖学金并希望我继续攻读博士，甚至以不愿意为我写推荐信想逼我就范，但我还是坚持在 1974 年进入RCA。

进入 RCA 之后，为了追随时代的脉动，在两年内我换了 3 个单位。我的第一个职衔是和半导体有关的"初级产品工程师"，因为勇于提问加上努力进修，结果因进步神速在9个月后被调至电路设计部门。再过9个月，为了学习系统设计，我主动请调至研发部门，并设计了电子手表的电路。

我在RCA任职时，RCA的名声是相当响亮的。但我在RCA的图书馆偶然间翻阅《华尔街日报》时，发现RCA的业绩、影响力已逐年下滑。我决定开始寻觅新的方向，发现数家新兴企业（如英特尔、德州仪器）的内存组件都相继改用更先进的MOS制程，以取代传统的Bipolar制程，半导体产业革命已近在眼前。不久之后，英特尔、德州仪器便已成为电子产业巨擘，获利远远超过RCA。

于是，在1976年，为了学习最新的MOS技术，我毅然从美国东岸的新泽西州南迁至德州的达拉斯，加入刚创立不久的Mostek公司。Mostek的规模并不大，却汇集了当时最顶尖的内存芯片设计师。

在Mostek任职的一年，我的目标就是努力学习，主动争取参与设计，因而让我真正进入了半导体的世界。1977年年中，为了学习更新、更难的DRAM技术，我从达拉斯搬到奥斯汀，加入摩托罗拉半导体部门。凭借在16K DRAM的贡献，我被摩托罗拉拔擢为高级工程师，得以与老板两人共同设计全世界最早量产的64K DRAM。这个项目的成败影响着摩托罗拉的兴衰，而我在半导体业的声誉就此鹊起，也从技术人员跳进经理人之门。

之后，我从半导体产业跨入通信产业，再前往中国做到摩托罗拉亚太通信业务总裁，之后自己在中国创业，无一不是走在时代的前端。

虽然过程充满波折、风险、挑战、挫折，亦常有深感难以为继的时刻，但结果却是每一次的成功都比上一次更壮阔！

　　若是你也和我一样，喜欢站在风口浪尖上乘风前进，那么，就好好发挥上苍赐予的才干、个性和资源，不要怕困难或贪图安逸，努力在时代的最前线，做个可以给下一代当榜样的耕耘者。

ENVISION

4

区分原则，掌握"不同"的价值

天才是 1% 的灵感（inspiration），加上 99% 的汗水（perspiration）。

在大自然的规律里，没有任何一只乌龟可以跑得过兔子，但不知为何，老师和家长总爱用"龟兔赛跑"的寓言劝喻小孩应勉力向学，而且不断灌输"勤能补拙"的美德。

如果有老师或家长在看这个故事时，是提醒小孩不是每一只兔子都是骄傲和懒惰的，或是点明乌龟不应该答应与兔子赛跑，而是建议和兔子来比赛游泳，那么，我一定为这位老师或家长击掌，因为他是在教导孩子分析自己的优势和弱点，而且懂得不要小看自己和别人。

大多数人在初入职场时，深信只要埋头苦干，必定可拾级而上；倘若职位、收入不如人，一定是自己不够努力。不过，许多人在职场努力工作许久之后，却发现自己真的像只乌龟，即使卯足全力向前冲，却只前进了几步，一群又一群的兔子从身边呼啸而过，于是资历越深，成就感越低，当景气低迷、公司经营不善时，就成为最先被资遣的人。

➤ 寻找特殊的 1%

因为林书豪的关系，不论是不是篮球迷，美国的 NBA 联赛在中国台湾的知名度越来越高，知道各队球员的人也越来越多。观察久了，不难发现，NBA 是一个竞争非常激烈、淘汰球员也非常无情的职业运动。但球员若是具有球队不可或缺的价值，即使脾气怪异、年岁太大，依然不会被淘汰。职场如球场，学历、资历、努力皆不足恃，唯有具备"不可取代的价值"才有优势或存活力。但我的意思并非"勤能补拙"不对或已过时，而是应将主力化在强化个人价值的关键点上，而不是过度耗费在自己的弱点上。

我试着用爱迪生的"天才是 1% 的灵感，加上 99% 的汗水"来诠释我的理解，这 1% 灵感是指在职场、专业领域中找到自己的过人之处，此后便认真、不懈地往这个方向努力奋斗（99% 的汗水）。

被大家公认的大多数天才，并非天生就聪慧过人，但他们知道自己的热情和能力所在，然后靠着后天的努力，有目地磨练成精，我称这个 1% 的寻找为"区分原则"。在职场历练数十年，我体会到，若想成为他人眼中的天才，就得认识和实践区分原则。

何谓区分原则？一言以蔽之，就是"因特殊才有特别的价值"。在思维上，应致力于找到属于自己的特殊，即 1% 的灵感；在做法上，则应重强避弱，即 99% 的汗水。

每个人、每家企业都有其弱点，重强避弱是指应尽量发挥优点，将优势扩大到极致，而且无须过度关注弱点，更不必被弱点局限。弃强就弱是失败之始，这也符合军事学原理，即根据自身优势选择作战的时间与地点，才可提高获胜机会。

➤ 重强避弱——99% 的汗水

历史上著名的"田忌赛马"的故事，正可说明重强避弱是足以转败为胜的巨大力量。

在战国时期，齐国将军田忌常与齐威王赛马。他们的固定思维就是上马对上马、中马对中马、下马对下马；但因齐威王的马匹皆较佳，所以每个等级的比赛田忌都是屡战屡败。后来，军事家孙膑建议田忌改用新的战术，即以下马对上马、上马对中马、中马对下马，结果是胜多败少。

同样的，一只小鱼与其在大鱼环伺的大池塘里闪躲苟活，还不如先在鱼虾罕至的小池塘中打拼，才更有机会长成大鱼。"特殊、唯一"这些词代表的是人无我有，所以无须耗费太多时间、精力便可居于领先或垄断的地位；在企业发展上还可以延伸为"满足客户未曾被满足的需求"，因而建立无可替代的伙伴关系。

相较于东方，西方的教育是充分运用区分原则，鼓励学生找到个人特色，跳脱常识、常规，成就与众不同，启发学生至一定程度时，便让他们自由发挥。也因此，东方国家的教育不容易教出具有创新或创造力的科学家或学者，也无法出现像比尔·盖兹（Bill Gates）、乔布斯（Steve Jobs）一样开创新局、带动时代新浪潮的大企业家。

或许，会有人辩称，比尔·盖兹、乔布斯都是百年难得一见的天才，和区分原则无关。但即使他们是天才，若选错了行业，他们的成就一定不会如此显赫。举个更鲜明的例子，改编自真人真事的电影《弱点》（*The Blind Side*），其主人翁麦克（Michael Oher）就是应用区分原则，充分发挥自己专长的典范。

麦克原本是一个高胖、愚笨、个性软弱、无家可归的非裔青少年，看似一无是处；后来由莲安（Leigh Anne Tuohy，桑德拉·布拉克主演）收养。身材壮硕的麦克加入高中美式足球队后，仍因笨拙而被队友嘲笑。莲安意外发现，性向测试的结果显示，麦克拥有强烈保护他人的能力，于是要求教练将他分配到如何在球场上保护四分卫、跑锋，终于找到在球队中最适合自己的角色——绊锋。在找到个人定位、属于自己的唯一后，麦克对美式足球产生莫大热情，并积极学习战术，终于在球场上大放光芒，成为多家大学争取的运动选手。脱胎换骨后的麦克顺利进入美式职业足球队（NFL），成为众人艳羡、年入千万的职业球员。2012 年时，更随巴尔的摩乌鸦队（Baltimore Ravens），夺下超级杯冠军。

➤ 从十面埋伏中突围达阵

我在英特尔担任设计经理时，便曾运用区分原则克服犹如十面埋伏、命悬一发的困境，并树立起职业生涯的新丰碑。

刚进入英特尔时，我被指派研发先进的 iRAM（intelligent RAM）。团队成员虽各有所长，但成员个性皆执拗难驯，尽为英特尔其他团队的弃将。在他人眼中，iRAM 团队是比杂牌军还不如的乌合之众，加上研发进度已延宕 3 个月，成功机率几近于零。当时身为主管的我，不断苦思如何脱困。一天，一位拥有麻省理工博士学位的团队成员与我讨论 CVS（Circuit Verification System），让我瞥见一线曙光，找到了突围的希望。

这位同事的博士论文主题正是 CVS，为 CVS 少有的专家，但他在英特尔其他设计团队"推销" CVS 时却处处碰壁。虽然采用未经产品证实的 CVS 会带来巨大的风险，但若做成，可将产品验证时间由 12 个月缩短为 6 个月，对我而言犹如救命的浮木。而且这是唯一能与英特尔其他设计团队区分出来的做法。

做出采用 CVS 的决定后，就必须带领 iRAM 团队以先避弱后重强、另辟蹊径迈向成功。"避弱策略"是以其他团队已研发成功的 64K DRAM 为基础，让我们大幅缩短研发时间；"重强策略"则是全力专攻 iRAM 所需的逻辑电路，终于，我们克竟全功。

根据区分原则，CVS 正是 1% 的灵感，更可让 iRAM 团队的设计与竞争者明显区隔，虽是孤注一掷，我仍毅然尝试。之后，iRAM 团队几乎不睡不休的努力，则是 99% 的汗水。

第一次验证 iRAM 时，英特尔实验室堪称人山人海，但多数人是抱着"看好戏"的心态到场的。当 iRAM 通过测试，先是全场鸦雀无声，之后有人提出异议；众人激辩后决定从各团队抽调资深成员重新进行测试，3 天后确认测试结果无误。

两个月后，iRAM 便进入正式量产的准备阶段，比原先的进程提早了约 4 个月。iRAM 团队被誉为英特尔的英雄，所有成员皆获得应有的奖赏，我还获得执行官安迪葛洛夫（Andy Grove）的亲笔感谢信。

之后，iRAM 带给我更多的殊荣。1982 年，在全球极具影响力的 ISSCC 论坛（International Solid State Circuit Conference），我发表了 8Kx8 iRAM 的论文，惊艳业界；1983 年，iRAM 获美国（*Electronics*）杂志推崇为"最佳产品设计"；同年，英特尔指派我集结最优秀的团队研发公司最重要的产品（256K CMOS DRAM）。1984 年，我于 ISSCC 论坛发表全球首篇有关 256K CMOS DRAM 的论文，再度震撼业界。

研发 iRAM 的经验和解决问题的过程证明，即使天不时、地不利、人不和，只要善用区分原则亦可能反败为胜；这段经历也成了我日后担任经理人，成为企业家的重要基石。

木桶原理，找出最短的漏洞

你若不舍弃今天所有的，如何得到明天所没有的？

许多年轻人初入职场，误以为职场与校园无异，只要书读好、成绩好，其他事都不用管（如与他人互动或注重人际关系），只需着重个人表现好，日后将是主管后补的不二人选。

但事与愿违，即使他们成为顶尖的业务员、工程师、会计员、软件程序员……却总是与升职失之交臂，只能眼睁睁地看着同侪、后辈喜获拔擢，而有些同侪与后辈的战绩、专业能力，甚至还不如自己。即使不平则鸣，越级直接与高层沟通抗议，通常也是无效的。

为什么？

➤ 胜败之关键在劣势

若想在职场成为管理阶层，当时时刻刻谨记"木桶原理"。一个木桶的容量并非取决于最长的木板，而是取决于最短的木板，因为水平面与最短木板上缘齐平；延伸之义为，个人、部门、企业乃至于国家，发展的天花板高度在于其劣势，而非优势。

若将能力比喻为木板，在职场上若想出类拔萃，亦需不同种类的木板。已晋升为某个领域的专家，不仅得持续精进专业知识、技术，更要进一步培养综合能力，包括管理力、领导力、表达力、判断力，并缜密地布建人脉网络；但决定其成就上限的亦是最短木板，而非其他较长的木板。如果不谙木桶原理，不肯面对、强化最弱的一环，即使其他能力出类拔萃，升迁之路仍将事倍功半。

举个例子来说，A 君的口才好，能言善道的特质让他在团体之中非常受欢迎；但他欠缺同情心，认识久了的人，就会因为吃过他的苦头而疏远他。就经营人际关系而言，"欠缺同情心"的缺点，就是 A 君的最短木板了。

农业奉行了 170 多年的"利比希最小因子定律"（Liebig's law of minimum），堪称科学界的木桶原理。在 1840 年，普鲁士化学家利比希（Justus von Liebig）发现，在蔬果生长的过程中，皆需要钙、氮、钾、磷酸等营养素，每种营养素皆有其最适量；而决定蔬果产量的，乃是与最适需求量差距最大的营养素。

假使蔬果短缺某种营养素，即使增加其他营养素，不仅无益其生长，还可能造成蔬果枯萎、死亡；但若透过人工施肥，提高短缺营养素的供给量，即使仅有几克，蔬果产量也将大幅提升。"利比希最小因子定律"发布后，引发全球农业大革命，粮食单位产量已超过往昔的 5 倍。

亦如提高短缺营养素供给量的蔬果，如果人愿面对、强化个人最弱的一环，效果将超乎想象。此外，蔬果若移地栽植，各种营养素的最适量可能提高也可能下降；职场亦如此，随着职务的升迁，由于接触的人、事、物不同，短板亦可能有所变化，务必因时因地制宜，切忌僵固死板不知变通。

➤ 从"精"到"博"

乍看之下，木桶原理与上一篇的"区分原则"相互矛盾，但实则不然，两者适用于职场的不同阶段，彼此相辅相成、缺一不可。区分原则适用于职场初期，社会新人应致力于强化个人优势，先求精而非先求博，进而从毕业生晋升为某个领域专家；在成为专家后，应改用木桶原理，此时应从精扩及博，降低劣势的负面影响，方可顺利推开经理人大门，并成为擅长转化危机的杰出管理者。

区分原则和木桶原理的精妙之处在于创新，区分原则为"从无到有"的原创，指从零到一；木桶原理则为"从有到优"的微创，指从一到二三，再到 N，这两者是不同阶段的突破。

当一个人察觉到自己的成长或竞争力已严重受限于劣势时，应立即想方设法强化相关能力，即增加最短木板的长度；倘若正逢关键时刻且处于不对称的竞争局势，来不及弥补劣势，更要懂得藉由与他人合作、结盟，相互交流优势，甚至截长补短以突破劣势的限制。

➤ 借力使力，扭转乾坤

我在担任摩托罗拉技术副总裁时，便曾运用木桶原理成功扭转企业劣势，使业绩、竞争力双双再上层楼。当时，归我管辖的摩托罗拉内存工程部门战力坚强，设计团队傲视群伦，产品无论设计、质量、稳定度，皆深受客户肯定，但市场占有率却偏低，症结在于摩托罗拉半导体的制程（proccss）技术，因芯片尺寸过大、相对成本高、耗能高，落后于日本竞争对手超过两年，较难获得客户青睐。

几年下来的亏损，导致工程部门、制程部门严重对立，工程部门经理指责制程部门是害群之马，制程部门经理则力陈已竭尽所能，依然无法消弭先前投资不足造成的伤害。两部门争斗不休，数个有机会"起沉疴、疗绝症"的研发案，都虎头蛇尾，被迫无疾而终。

根据木桶原理，制程部门便是摩托罗拉竞争力最短的木板。身为工程部门负责人，对于工程部门遭制程部门拖累，甚至听说有数个优秀的设计经理准备挂冠求去，这严重危及我的领导威信。但如何协助公司脱离泥淖，却让我经常左思右想，甚为苦恼。

1990 年年初，我参加每年一度的 ISSCC 论坛。在午餐时，日本企业的一家半导体研发部门总监前来找我，恳切地说明该公司观察摩托罗拉半导体内存组件设计很久，希望摩托罗拉可授权内存组件设计的专利以及相关的技术交流。日方准备支付一笔巨大的授权使用费作为交换。

对这家日本企业总监的提议，相信绝大多数人都会喜不自胜，这意味着自己负责的部门备受肯定，而且将有一笔可观的授权费收入。但当时的我，深陷业务瓶颈多时，无时无刻不在找寻解决之道。因此，极短暂的惊喜后我随即回过神来，开始思索整体、长期的解决方案。经过短短数秒的思考，突然灵光闪现，我已构思出新的合作方案。

我回答对方，摩托罗拉可授权部分半导体设计专利，亦同意技术交流，但无须授权使用费，条件是对方授权摩托罗拉公司以制程技术以及技术交流。因是技术对技术的交换方案，尽量不要涉及金钱交易，但双方应先对半导体设计、制程进行估价，再议定彼此的开放程度。

对方亦认为此方案甚有创意，但兹事体大，他与我都必须取得总公司的认可。历经内部不同阶层、部门的反对及与对外谈判等诸多巨大挑战，最后，摩托罗拉总部终于批准与这家日本企业进行技术合作。摩托罗拉的半导体制程技术随即追上日本竞争对手，盈余、市场占有率双双大幅提升。

经过数年，我升任FSRAM(Fast Static RAM)事业部全球总经理，在3年内将该部门市场占有率从先前的全球第六名提升至第一名，从巨额亏损变为巨额盈余，此次交互授权的技术合作方案居功厥伟。

现在回想，我很早就意识到专做技术对企业整体的影响既小（只有产品）又慢（从设计到盈利至少要两年的时间）。我的热情及个性是企求更快、更大地帮助团队及企业，也因此在做到专业技术的极致发挥（区分原则）后，就转到能实现我的综合能力全面扩展领域，即管理及领导力。每一次的困难、挑战或是挫败，都提醒自己需要再补齐短板（木桶原理）。

ENVISION

站在巨人的肩膀上

在职场或商场，你是借箭，还是被借箭？如何成为借箭高手？

几个才智、学历相当的朋友同时进入职场，同样兢兢业业，宵衣旰食。年届30岁时，有人已升任初级或中级主管，有人还在基层煎熬；到了40岁时，际遇差距拉大了，有人已晋升高级主管，有人还是中级或初级主管，更有人却面临失业危机，甚至早已失业。

许多人将同侪的成功归因于幸运，并自我安慰"谋事在人，成事在天"，不去深切反省问题所在。殊不知，成功者不见得比失败者更聪慧、更努力，但大多数成功者的幸运来自于审时度势、顺势而为。

➤ 埋头苦干不如抬头苦干

东方社会强调，唯有埋头苦干才能出人头地。实则不然，巨大的成就与突破鲜有是埋头苦干的成果，多半源自于抬头苦干，借助于一股上行的力量而为。套用西方的谚语就是，想要站得更高、看得更远，就得站在巨人的肩膀上；套用东方的思维，脱困的最佳战略在于"草船借箭"。

东汉末年，群雄并起，曹操在初步扫平华北后，亲率80万大军南征，在赤壁与孙权隔江对峙。孙权帐下的多数文官主张投降，但同为盟友的刘备阵营的军师诸葛亮，说动孙权与执掌军权的周瑜，决定决一死战。但周瑜嫉妒诸葛亮的才干，遂以"令诸葛亮在十天造好十万支箭"为条件，刁难诸葛亮并挫其锐气；诸葛亮不但立即答应，还将时限缩短为3天。

原来，上知天文、下晓地理的诸葛亮早已算出，第三天深夜将大雾弥漫，且风势将转为东南风。于是，诸葛亮向孙权阵营的鲁肃借了20艘小船，上头扎满稻草人，并于深夜驶向敌军。诸葛亮下令士兵擂鼓、呐喊，曹操深怕大雾中有埋伏，遂下令6000名弓箭手同时放箭，直到日升雾散，诸葛亮才鸣金收兵，十万支箭唾手而得。之后，孙、刘两军联手，以寡击众，击溃曹军。原本仓皇如丧家之犬的刘备，从此日益壮大，与曹、孙形成三国鼎立。

职场上企业间的竞争，则是没有硝烟的战场。若懂得草船借箭，便有机会如诸葛亮从隐居茅庐的落魄书生，一跃成为扭转天下局势的大英雄。1991年，我担任摩托罗拉的FSRAM事业部全球总经理时，也应用草船借箭策略，不仅让FSRAM事业部快速转亏为盈，全球市场占有率更跃居首位。

➤ 从无人问津到奇货可居

当年，FSRAM 事业部的主要客户为计算机公司，但与领先的日本、韩国企业差距甚远，年度亏损额度高达 3000 万美元。由于连年亏损，摩托罗拉半导体总部不断施压。此时，计算机产业的主流为发展大型计算机、超级计算机，竞争指针则是计算机的指令周期。

为了拓展业务，我经常飞往日本，拜访日本企业。然而，日本企业注重垂直布局，计算机所有零组件（包括 FSRAM）皆自行研发、生产。纵使盛意拳拳，我的造访依然毫无实效，日本企业的回答甚为强悍："你们有的，我们都有；我们没有的，你们做不出来！"

此时，个人计算机已萌芽数年，以低价、低功能抢攻计算机市场，当时大多数计算机公司认为，个人计算机只是昙花一现，顶多只是小众市场，大型计算机、超级计算机才是计算机产业的主流。

但经过一番低价厮杀后，个人计算机公司如 IBM、苹果、戴尔（Dell）、康柏（Compaq）等，已决定研发较高级的个人计算机。除了强化中央处理器（CPU），还得采用执行速度更快的内存，即高速缓存（cache memory）。由于 FSRAM 亦可划归为高速缓存，所以数家个人计算机大厂不约而同地试着与 FSRAM 事业部的营销单位接触。

营销单位同事前来询问我的意见，我直截了当地说，个人计算机趋势并不明朗，是否采用高速缓存仍存在变量；纵使采用，高速缓存的规格、价位，也与大型计算机、超级计算机所用的 FSRAM 不同，在市场上处于劣势的摩托罗拉难与日本、韩国竞争对手相抗衡,不值得仍处于亏损的 FSRAM 事业部冒险。

营销单位主管直言,若只顾忌风险,不愿冒险抢食商机,FSRAM 事业部只是"死得较慢"(slow death),还不如押注在个人计算机上,成功则咸鱼翻生,失败则"壮烈成仁"(sudden death),最后还撂下一句"我看你是怕了!"我的回答是:"如果你处在我现在的职位,相信你不会如此莽撞;希望下次你提出方案,而非只有火气。"

事后我再三思量,与其窝囊地维持现况,还不如放手一搏。于是,与营销单位召开数次会议后,终于决定将 FSRAM 事业部发展的赌注押在个人计算机高速缓存的商机上。

不过,当时在全球的 FSRAM 市场,摩托罗拉的市场占有率仅为第六名,如单独与个人计算机公司接触,很难获得重视,于是,我便逐步施展草船借箭攻略。首先,我们以摩托罗拉名义邀请所有个人计算机厂商召开高速缓存商务及技术研讨会,透过会议,企图让摩托罗拉提出的高速缓存规格成为个人计算机产业的标准。

要使此借箭计划成功,必须同时邀请与我们竞争的日本、韩国企业与会。我们的判断是,日、韩公司到场的目的仅是搜集资料而已,对制订规则一事定会保持观望的态度;但他们的参会势必让美国的个人计算机企业认定,日本、韩国企业也支持此规格而且也会全力去开发此类产品。于是,摩托罗拉提出的高速缓存规格顺利成为标准规格,个人计算机企业将其纳入产品设计之中。

　　此次会议之后，我火速调整 FSRAM 事业部，成立高速缓存研发团队，目标是在 10 个月内推出一系列支持个人计算机高速缓存的 FSRAM。

　　果不其然，个人计算机快速崛起，各家计算机厂商纷纷推出高级个人计算机，高速缓存需求量大幅激增。在借箭会议的 10 个月后，个人计算机厂商采购高速缓存时才惊奇地发现唯有摩托罗拉的产品合乎规格，原本姿态颇高的个人计算机公司采购经理们，只能日夜在摩托罗拉会议室守候，生怕被他人抢单。

　　摩托罗拉的 FSRAM 产品突然变得奇货可居，更成为市场规格与价格的制订者。当时的订单需求量，大到 FSRAM 事业部的生产线即使昼夜赶工一年也不能满足。

　　在一年内，FSRAM 事业部盈余即达 4000 万美元。第二年，个人计算机正式成为计算机产业主流。第三年，FSRAM 事业部产品全球市场占有率跃居第一名，累积盈余超过 3 亿美元！

　　押宝计算机市场的主流将从大型计算机转为个人计算机，就是我成功的肩膀，那次的世界级"高速缓存商务及技术研讨会"，成了我最佳的借箭案例。

有时候，你只需做对最重要的一次

一个好的想法，应执着、坚持地去执行，倘若遇上对
的时机，爆发出来的能量，将无可限量、势不可挡！

阿里巴巴创办人马云曾批评当下的年轻人，夜里梦想千百路，清
晨起来走原路。此批评一针见血地点出许多年轻人是创意的巨人，却
是行动的侏儒，欠缺勇于付诸执行的能力。数字信息时代白手起家的
企业巨擘，如乔布斯、比尔·盖兹，成功的关键都在于勇于实践创意，
而且因为做对一次重大的决定，即使在过程中犯下数不清的错误，就
结果而言，这些错误也都是细枝末节。

1994 年，我就任摩托罗拉手机部亚洲总裁。当时大中华区的团
队仅有 30 多人，位于天津的工厂也只有一条生产线，作业员不到
100 人，停工天数比开工天数还多，只能承接其他工厂无暇或不愿生
产的产品。摩托罗拉任命我担任手机部亚洲总裁，目的之一便是整顿
大中华区业务，希望中国大陆地区的通信业务能有起色。

原先负责大中华区业务的两位主管是美国人，对我的空降敌意甚

深，甚至扬言在 3 个月内要让我知难而退。

为了干扰我介入业务，二人花招百出，以为我不懂此地的通信业务，三番两次告诉我，我最大的作用是向摩托罗拉手机部总部争取更多资源。在会议中，二人从不主动提供任何讯息，当我有所求时，才如挤牙膏般地吐露点滴，更阻挠我面见最重要的客户——中国邮电部。

当时我与这两人屡屡僵持不下，气氛相当尴尬。虽有权力将二人调职，但我一是尚未做好万全准备，二是这二人本非奸邪之辈，专业上亦有过人之处，诸多作为旨在自保而已。此时，我的当务之急并非铲除异己，而是积极"整军备战"，静候佳机以扭转形势。

➤ 冒着被革职的危险，坚持手机中文化

很快，如何管理大中华区通信业务，包括手机研发、生产、供应链、销售通路等，在我的脑海中已画好蓝图，草拟出了通盘计划，也钻研过大陆市场特有的生态环境，并经与各阶层员工持续地沟通、讨论，取得了第一手数据，万事俱备，只是苦无突破点。

当年，全球手机产业正处于新、旧主流交替的关键时刻，诺基亚（Nokia）、爱立信（Ericsson）主导的 2G 手机来势汹汹，摩托罗拉的 1G 手机领先地位岌岌可危；商务型手机和消费型手机的消长趋势益发明显。此时，摩托罗拉手机全球市场占有率虽超过 50%，但营运模式保守，研发、生产、财务、策略制定等，全由美国总部主导，

其他国家的分公司只负责销售。

我分析消费型手机浪潮将如海啸般汹涌而至，手机市场的制胜关键当为本土化。摩托罗拉若想抢进大中华区手机市场，就得在中国建立一支完整的团队。不过，由于摩托罗拉独霸全球手机市场，手机部总裁专断独行，遭他修理、开除的员工难以计数，无人敢违背其意志。

当我首次向手机部总裁提议，应在中国建立一支完整的团队时，他直截了当回答："你最好死了这条心。亚洲人不懂手机设计，更无法生产质量精良的手机，你只需全心全意提升大中华区的销售数字即可。"更直言若发现我阳奉阴违，将马上请我卷铺盖走人！

虽上下皆遭掣肘，但我研发的决心丝毫未受影响。为了组建大中华区的研发团队，我力邀两位美国华裔科学家加入，一位毕业于清华大学，一位毕业于台湾交通大学，皆拥有美国大学博士学位。

有一次，我飞抵美国准备与二人开会，正将他们的英文资料翻译成中文时突然灵光一闪，"手机中文化，正是最佳突破点，更是带动大中华区团队前进的火车头"。当时，手机并无中文接口，大中华区用户甚感不便。之后数天，我与二人将手机中文化的整体计划、执行细节，纲举目张地归纳成缜密的图表、栏目，深信一旦研发成功势必横扫大中华市场。

➤ 中国大陆 ICT 产业的黄埔军校

返回大陆后，在拜会时任邮电部部长吴基传先生时，我不顾那二位美国主管的异议，直接向吴先生提出手机中文化计划，包括中文显示、中文简讯、中文输入法、中文软件开发工具包（Software Development Kit, SDK）等。吴先生立即回应，这是他听过的最完整、最可行的手机中文化方案，摩托罗拉若可将 GSM 手机中文化，便可接下邮电部的大笔订单。

尽管这二位主管仍持反对意见，我还是接下了邮电部的订单。在手机部总裁不知情的情况下，两位华裔科学家在芝加哥研发中心带领约 60 人的团队，披星戴月研发手机中文化相关软件；在我保证承担一切责任后，天津工厂的厂长答应增雇 200 名工人以生产邮电部的大订单。同时在北京，我招聘了数名市场策略专员，大中华区团队终于组建成型，开始运作。

邮电部的订单堪称及时雨，大中华区的营收与利润皆倍增，弥补了当时摩托罗拉在美国市场衰退 30% 的冲击。

在我前往芝加哥的手机部总部开会时，手机部总裁特地宴请我吃日本料理，并透露有人向他密报，说我私募研发团队。他原本是非常生气的，但看到中国大陆市场业绩的飞速成长，适时弥补了美国市场的巨幅衰退，且据报此团队表现不俗，更挽救了他的职业生涯，于是打消将我撤职的念头，而且将奖励这个团队。

由于大中华区业绩蒸蒸日上，摩托罗拉更将印度、东南亚、澳洲、日本、韩国等市场划归大中华区管辖，并扩充美国、中国北京设计中心，创设韩国、新加坡设计中心。

从1995年到2002年，摩托罗拉手机部在亚洲的营业收入，从2亿美元成长至40亿美元，员工数从50人激增至5000人，从原本各大洲之末跃居首位；在诺基亚称霸全球手机市场后，摩托罗拉依旧是亚洲的王者。2000年到2002年，摩托罗拉总公司处境相当艰困，利润几乎完全来自亚洲手机市场。

因成功推动手机中文化，我被冠上"手机中文化之父"的称号。摩托罗拉在当时培训了诸多优秀人才，之后皆成为中国通信产业（Information and Communication Technology, ICT）的精英；因此，摩托罗拉被比喻为ICT产业的黄埔军校，而我被誉为校长！

创新发明是将不可能转变成可能的过程，一般人往往认为这个能力是天生的，殊不知创新发明的能力来自于不断地努力，以及不断地学会去做困难的事。能够创新发明的成功者也如同平常人一样挣扎，想成为自己，则需勇敢地为自己梦想去活，勇敢地去尝试原创的事，即使在害怕、没有其他人看好的情况下，依然前行，直到做成为止。

ENVISION

模拟未来，让梦想看得见

当你达成目标前，得先看到目标。

几乎每个人都有梦想，但若要他们具体描绘出自己的梦想，大多数人支支吾吾、语焉不详。如果对梦想只有模糊的憧憬，而无具体、实际的规划，那么，梦想就成了无法触及的幻想、未曾落实的目标了。

要让梦想看得见，就得先学会模拟未来。在模拟未来的过程中，"创新"（creativity）和"发明"（innovation）是不可或缺的过程。简要来说，创新是指脑海中浮现出与他人不同的想法，发明则是将想法付诸实践，这二者相互串连才可化不可能为可能；越懂得创新与发明，就越有机会在职场充分发挥自己的能力。

➤ 创新能力取决于想象力

根据科学家的研究，人类大脑可分为后脑、中脑、前脑等三大区块。因爬虫类仅有后脑，所以后脑又称爬虫类脑，主司空间感及生存、繁殖等功能；因哺乳类才有中脑，中脑又称哺乳类脑，主司群体关系，并分辨何者为友、何者为敌。唯独人类具有前脑，故前脑又称人类脑，主司时间感、未来感，这正是人类与动物的最大差别之一。前脑以前额叶皮层模拟未来，而且并非凭空模拟，而是以昔日认识的人、事、物为素材，来想象、模拟未来，揣度未来可能发生的各种状况及因果关系。

创新能力的高低取决于想象力是否丰富。爱因斯坦曾言："想象力远比知识重要。"因为，知识固然重要，却也常限制人的视野，仅能看到眼前的事物，但想象力却可超越时空，连接到无限的未来，激发更多潜能和可能性。

想要培养想象力，独立思考是不可忽视的训练。在职场上，独立思考不仅提升构思能力，还可学习多元、实用的沟通方法，增进思考的关联性、直觉性、整体性、旁通性与预见性；其中，预见性即是在一团迷雾中模拟未来、看见梦想，方可领略一触即发的时代和产业潮流。

唯有模拟未来、看见梦想，才能在经深思熟虑并确定掌握局势、走在时代前沿后，应用区分原则找到属于自己的唯一，成为备受肯定的专业人士；此后，再应用木桶原理补强自身综合能力中最弱的一环，晋级经理人或中高级主管。

现代科学已证实，人类脑中的思考是以电波的形式传导，我们脑中大致有1000亿的脑神经元，用最新的大脑扫描仪显示，当我们做一件或学一样新东西时，神经元的数目不会改变，但在思考的过程中神经元相互的连结会更改，所以，学习新东西及不同的思维模式会改变大脑的结构。当我们重复练习某些新技能时，脑中的某些回路一再被加强，使得做此技能越来越容易。所以越常操练想象力，即模拟未来眼力的人，就会越有想象力！

➤ 七步骤模拟未来

模拟未来并非是不着边际地想象，可参照以下 7 个步骤按部就班地操练，以免想象过于发散不知如何收敛。

第一步，远大的志向。若想模拟未来、看见梦想，首先得订立远大的志向，去做其他人尚未做过的事。唯此，方可为他人所不敢为、不能为。当面临危机或陷入职场泥淖时，也要找到跳脱常态的做法以突破困境，藉此可提振自己、激发潜能，创新求突破。

第二步，强烈的企图心。要使目标与成就链接在一起就要有足以焚身的企图心。只有自己内心呼唤的东西，才会在现实中出现，所以，人生要有确切的愿望及强有力的企图心。

第三步，积极的思考。思考（模拟未来）是看见解决之法的种子，也是达到目标最早、最重要的因素。什么才是积极思考的态度呢？我的经验是，无论何时何地都在思索解决方案，即使是睡觉中；从头顶到脚趾，每个细胞都沉静在思考中，专注、倾尽全力地思考，纵使被他人讥讽嘲笑，依然不受影响，这种思考力就是成就事物的原动力。

第四步，进入潜意识。最彻底的积极思考，则是让思维进入潜意识。只要不断地想、想、想、日思夜想、广泛地想、深入地想、反复地想，要在脑中认真地重复思考，模拟演练如何实现，持续增加思考的强度，强到让思考钻入潜意识，接受内心的指引。

第五步，激发右脑力。一般人思考，多由左脑主导。当左脑（偏向于知性、收敛式）理性的线性思维反复思考而无法突破时，潜意识中，右脑就开始摆脱左脑的惯常主导地位，用感性、分布式、非理性的逆向思维以探索、模拟未来。这是一个从惯性的知识脑转移到本性的创新脑的过程。

第六步，灵光的闪现。如果在短时间内，构思不出突破性的解决方案，只要不放弃，脑袋持续运转、思索，然后相信此事一定会实现，往前重复思考，接着成就之道就像灵光一闪借着他人的一言一行、一个建议或无意间的一个举措，甚至是报章杂志、电视中的一句话，以及一个梦境中解决方案的线索应运而生，依稀"可见"起来。

第七步，越看越清楚。有了灵光一现的构思后，还得继续揣想解决方案的施行细节、风险评估，以及在施行的过程中可能遭遇的困难、险阻与挑战及克服的方法。毕竟没有缜密的筹划、准备，解决方案将流于空泛而窒碍难行。

此时，当先用右脑以逆向思维大胆假设，再运用左脑，以惯性思维小心求证，在两者交互应用下，原本遥远、模糊的梦想，变得更接近、更明晰，最后，梦想与现实之间的距离将完全消失，梦想将不再只是梦想，而是可计算出距离的目标！

➤ 成功、突围都得先练眼力

第二次世界大战末期，盟军猛烈轰炸德国，当时飞行员的数目远远少于飞机的数量。盟军总部特别训练飞行员在飞机被击落后仍能逃回基地，并编辑详细的逃生手册。逃生的结果令总部跌破眼镜，考试成绩优异（IQ 高）者都没能逃出来，倒是那些在训练中提出异议、对逃生手册并不完全认同者，大多用各种一般人想不到的方法越过敌境安全返回。

后来总部在反思中猛然发现，考试成绩好的都是用左脑思考的，完全只照逃生手册的指示去做，这与追捕他们的德军思路一致，所以容易被一网打尽。反之，能逃出来的飞行员以丰富的想象力模拟未来，用非理性的思维想出许多非常态的逃生方法，是德军始料未及的，因而脱险。

同样，若想成就一番事业或在逆境中突围而出，就需要操练模拟未来的卓越眼力，可见人所未见、不能见之机会，方可为人所不能为、不敢为；若无过人的眼力，纵使学富五车、雄心万丈，也只能在职场上匍匐向前，甚至长时间原地踏步！

以我自己的职业生涯为例，我得以超越大多数同侪的关键因素，首推长年、不断地锻炼眼力。例如，因看见 CVS 的价值，破釜沉舟将其纳入设计中，终于成功研发 iRAM；在 ISSCC 论坛午餐中，在一家日本企业半导体研发部门总监的提议里看见借力使力的契机，藉由改变合作模式，快速提升摩托罗拉的半导体制程技术。

在与下属的言辞交锋中，因看见必须押宝在个人计算机上，不然不足以救亡图存，不仅让部门扭亏为盈，产品全球市场占有率更跃居第一名。在上下皆遭掣肘的困境中，看见唯有推动手机中文化方可提振大中华区的业务，于是大胆接下中国邮电部的订单，因而让亚洲成为摩托罗拉手机部之"金母鸡"。当摩托罗拉在 CDMA 手机市场外有强敌压境、内有整合困难之际，因看见亚洲金融风暴重创韩国，正是低价收购专攻 CDMA 手机技术小型企业的佳机。藉此，在短时间内，便量产多款低价位的 CDMA 手机市场，瓜分强敌所依赖的韩国市场，并让摩托罗拉重登 CDMA 手机全球市场占有率首位。

孔老师心灵工坊

【眼力】操练

A. 培养直觉，养成独立思考的习惯

我们每天有看实时通信或上网的习惯，每天选一篇短文，花 15 分钟写下自己对该文章的理解并列出质疑的地方。如可能，找一位同伴一起做这个练习，双方做完以后可交换观点并讨论。

B. 建立多元化、组织化的数据库

在与老板、同事或其他部门开会时，写下详细的会议记录（即使这不是你的职责），会后再花 15 分钟归纳整理出几项新讯息或知识点，最后归档以便日后查询。

C. 获悉时代的趋势与风向

每周阅读专业或行业内权威刊物并做笔记写下要点。每周六回想这一周到底了解了什么新动向或有什么新启发。

D. 发现不同的自己或团队

1. 请在一张纸上列出你喜欢也是你擅长的事情，也可以请朋友、

同事、父母给出意见。

2. 请在你的公司或生活团队里，找出这个团队的优势来。

E. 找出可以补齐短板的助力

请在一张纸上列出你的弱项，也可以请朋友、同事、父母给出意见。想出谁在这方面有强项？他或她可以成为你的团队一员，或是可以向他或她学习吗？

F. 借助上行的力量

暂时从工作的细节里跳出来，想想有没有有助于实现目标的更佳资源？例如更好的软件系统、老板的人脉、别的部门已经做好的分析等。

G. 坚持实践好的想法

从生活中找出一件总是让你头疼、总是需要紧急处理的事情，再想出颠覆平常处理这个事情的办法，加以实施；3个月后看效果。

H. 模拟未来

选一个工作或生活中遇到的事，在行动之前先想象一下接下来会出现的各种状况、做何选择，以及各种选择所带来的后果。

Part 2

魅力
发挥你的影响力

ENERGIZE

工作不设限，创造成长的机会

我的职业生涯，开始于别人递给我的一支扫把。

1973 年夏天，在罗格斯大学攻读硕士的暑期，我决定去打工。因自认个性不适合从事服务工作，所以未随其他留学生到餐馆谋差事，而是到制造业当临时工——在一家生产洗衣机钢板的小型工厂工作。这家工厂的工人分为两大派，一派以非裔员工为主，另一派则以波多黎各裔员工为首，两派彼此对立、壁垒分明，双方的火药味似乎一触即发。

上班的第一天，工厂领班告诉我，因为原先要离职的工人临时打消离职念头，所以无法安排我上生产线。于是，他随手拿起一支扫把给我，用手指着一些地方，对我说："Keep yourself busy and I will get back to you soon." 说完就走了。

当天中午，我就完成领班交办的工作，到了下午，我的心情异常沮丧，原本兴高采烈地来做平生第一件工作，怎么落得在此扫地！过了一会儿静下心来，想到事已至此，无法改变，但既然我是来做事的就要做出点成绩，要有所作为。所以我就自发打扫工厂的其他区域。

从第二天起，我继续扩张版图，主动清扫仓库、厕所、办公室；到了第三天，又将版图扩张至工厂以外的庭院、走廊。几天后，整座工厂里里外外都成了我的扫地责任区，也结识许多原本可能连一面也碰不上的同事。

整座工厂里只有我是东方脸孔，且夹在两个派系之间。不过，拜李小龙功夫电影的风靡之赐，与工人接触时我总不经意吐露："只要是华人，多多少少都会一些功夫。"这让我避开了不少不必要的麻烦。

一个星期后，打扫工厂我已经驾轻就熟，接着又揽下所有清洁工作，将门窗、家具清洗得焕然一新。很快，两个星期过去了，有人告诉几乎忘记我存在的领班，工厂环境远比昔日整洁，他才意识到我仍坚守岗位。除了为他的疏忽向我致歉之外，也肯定我在工作上的用心。

不久，钢板钻孔工人正好出缺，于是领班推荐我顶上空缺，钢板钻孔不仅专业度高，也是工厂内薪资最高的职缺，是其他工人求之不得的职务。领班语气诚恳地说："这是你应得的！"

之后的两个月，我转任钢板钻孔工人，加上先前的广结善缘，与两派人马皆可和平相处，工作甚为愉快。暑假结束时领班特来致意，并欢迎我未来再回来任职，他会为我保留原有的职位。

虽然只是打工，却对我的职业生涯启发甚大。其一，我亲自体验了工人的生活方式，认识到他们的处境与想法；其二，我养成无论担任任何职位，我对工作范围从不设限，并因此获益良多，也更加相信"工作不设限"的信念不但可以获得丰厚的回报，更是追求卓越的不二法门。此段经历令我永志不渝，这位领班是我职业生涯的第一位贵人。

➤ 把握不断扩张学习和工作范围的机会

大多数上班族在熟稔所属部门的业务后，当手头工作可望提早结束时，便会自动放慢工作速度，甚至"忙里偷闲"在网络上聊天、购物、玩游戏，只要准时交差即可；有些人则是假装忙碌，心中却暗喜可"在职休假"。

这群人最终只能当企业的螺丝钉，即使工作年限再多，综合能力有限甚至毫无成长，也难获上司、企业主青睐，升迁缓慢，甚至无望。因为，你"自我设限工作范围"，上司或企业主也必定"设限你的职位"，这是必然的道理。

我常奉劝后进晚辈，当完成上司交办的业务后不应在座位上发呆、偷懒，或趁机做私人的事，而应立即向上司报告，若无新的交办事项，则应主动协助同部门或其他部门同事，或利用时间学习新的专业；当工作遇到瓶颈无法自行排解时，不必枯等上司发现，而应主动寻找其他的做事机会。

不断扩张学习和工作的范围，方可不断深化专业能力、发展综合能力。此举可能被其他同事视为傻瓜，但长此以往，不仅能力会快速成长，升迁速度也势必超越同侪。在我的职业生涯中历经许多次的升迁，没有一次是我要来的，在工作不设限的行动中，公司上层清楚地看到我是如何在与跨部门的同事互动中解决难题并了解其他部门的状况，所以当机会来临时，我就顺理成章地成为最佳人选。

我在晋升为经理人与高级主管后，"工作不设限"的原则依然适用。我不但学到多元的专业知识和技术，同时累积了坚实的人脉。

下面，分享一个学习不设限的小插曲。

在摩托罗拉半导体任职工程和技术副总裁期间，德州大学奥斯汀分校的 EMBA 课程主动提供两个名额供摩托罗拉的高级主管就读。当时我自认业务还不娴熟，所以得知此讯息后立即提出申请。不久，我接获摩托罗拉总裁的来电，他告诉我申请已批准，但希望我说明申请就读 EMBA 的原委，我如实以告。

这位总裁直言不讳地说：首先，倘若我担心没有 EMBA 学位，无法升迁为业务部门的总经理，现在可放宽心了；其次，若我是担心不娴熟业务，那就是多虑了，因为我先前的杰出表现证明我对业务并不陌生，EMBA 无法教导更多的实际作业和经验。最后，他说："若你愿意花时间比较系统地去学商务的一些知识，我建议你去；若非如此，我会第一个告诉你，你不需要这些知识及学位来证明你会成为杰出的总经理。"听了这话后我就决定不去念了。

历经数十年职场生活，我深深体悟到"No pains, No gains""There is no free lunch"所言不虚。在工作上自我设限久了，所有的雄心、壮志都将消磨殆尽，随波逐流，实在得不偿失；而且是经济越富裕的国家，随波逐流的人越多。

无论在生活还是职场上，若无可行的生涯规划，就会缺乏进取心。若要追求卓越，就得先有梦想；想要圆梦，就得不断扩张学习、工作的范围，以积极的态度去解决自己、同事、客户的难题，这样成长速度和晋升机会将远远超越同侪！

ENERGIZE

2

失控的情绪，是人脉的杀手

人生没有彩排，任何时候都是现场直播。

刚进入职场时，在求职者中脱颖而出，比的是学历。入职数年后，升迁速度比的是经历、能力和人脉，即使经历、能力过人，若人脉不足，职业生涯恐将颇多颠簸，难得平顺。想要广建人脉，就得有好的人缘；唯有锻炼高 EQ，方可不让情绪成为向上攀升的绊脚石。

许多人感叹自己人缘不佳，但自省脾气并不差，只是偶尔脾气暴燥、口不择言，但就像午后雷阵雨般，来得快去得也快，并没有留下什么难以磨灭的痕迹！他们却未察觉，午后雷阵雨威力惊人，万一失控就会泛滥成灾，造成伤害；同理，友谊再深厚，一不小心造成的裂痕，可能就是永难弥补了。

➤ 情绪领导力是成败的关键

友谊养成不易，但决裂却可能在旦夕之间。人际关系从亲密变紧张、从友好变为对立，主要原因不外乎——当遭遇不如意事、与他人意见相左，或听闻批评时，负面情绪瞬间膨胀，顿时暴怒、埋怨、回击，举止急躁、傲慢、嫉妒，甚至不惜谎话连篇。

无数的上班族，为了升迁埋头苦读各式企管书籍，但大多数企管书籍皆强调增加专业能力，却忽略了"情绪领导力"（emotional leadership）的重要性；情绪领导力与人脉深浅息息相关，其影响力绝不低于专业能力，甚至犹有过之。

失败者多半是情绪悲观主义者，当遭遇冲突、不如意时，负面情绪立即膨胀，并随即宣泄而出，思考常被愤怒、忧虑、沮丧等情绪左右，时常冲动行事。

成功者则几乎皆是情绪乐观主义者，当遭遇冲突、不如意时，懂得如何控制、排解负面情绪，让负面情绪到此为止，所言所行皆出于理性思考，更擅长化愤怒、忧虑、沮丧为力量，继续在职场上奋力前进。

以下的案例，如果你是那位客户，你会希望和谁合作呢？

两个企业的业务经理，分别经过长时间的接洽、协商，客户终于同意签约了。但在约好签约的当天，客户的采购经理却不签了，反倒连珠炮似的道歉，说因为公司总经理对彼此的合作模式有新的想法与意见，需要一段时间才能做最后决定，之后将择期联系。

面对这一突发状况，其中一位业务经理认为被对方欺骗、玩弄，而且视未能签下这份合约是自己职业生涯中最大的屈辱与致命打击，忿忿不平、深感绝望的他，怒由心头起，忍不住对客户的采购经理大声咆哮，在宣泄完情绪后拂袖而去。

另一位业务经理面对的现实及感受与前一位经理完全相同，但他却定心静气地思考：假使对方真没意愿，就算死缠烂打依然无济于事；如果对方真有意愿，会再联络的。

他还进一步思考，客户内部可能确有歧见，待其内部意见统一后便可尘埃落定，而且，仔细推敲这位采购经理的用词遣字，还未到完全绝望的地步，千万不可放弃，就算此次合作告吹，只要彼此维持良好互动，日后必有再次合作的机会。

这位经理调整心情后语气平和地接受了客户采购经理的请求，握手致意，然后离开了。一周后，该客户的总经理终于弄清契约的来龙去脉，决定大幅增加采购清单上的品项、数量。如果你是那位采购经理，你会联络哪位客户？我相信你联系的对象一定是全程既有礼貌又有风度的那位业务经理。

➤ 盛怒之际应暂离现场

人非草木，一定有想发脾气、情绪不佳的时刻，只是失控的情绪有如火山爆发，容易让人口不择言、恶言相向，让处境更加一发不可收拾；而且暴怒的时间越久，越容易失去理性，甚至到最后已不知为何而怒、为谁而怒，不知如何善后了。

无论人生还是职场，不如意事十常八九，若不懂得收敛和管控情绪，人生、职业生涯都将走得比他人辛苦。《孙子兵法》言："主不可以怒而兴师，将不可以愠而致战。"职位越高者越要懂得自制，不可在情绪当头做决定，以免犯下不可挽回的错误。

即使修养再好、EQ 再高，仍免不了有怒急攻心之际，此时该怎么办呢？与其和对方继续言辞交锋，还不如暂离现场，缓和一下自己的心情，不让情绪蒙蔽理智；如果无法暂离现场，除了口、手稍安勿躁，心思、精神也应转移焦点。

每当负面情绪即将爆发之际，我选择走上心灵的阳台，避免祸从口出。在阳台上，面对不同的情境我会先反省如下 8 件事：

1. 发怒——我是否先得罪人，而引起反击？

2. 抱怨——我是否尽了自己应尽的本分？

3. 自大——对方的感受如何？我为何会自我膨胀？

4. 急躁——有用吗？应快速想出解决之道。

5. 欺骗——如果为达到目的而说谎，事后要带出更多的欺骗，内心是否承受得住？

6. 骄傲——我是否有骄傲的念头？有人愿意与骄傲的人为友吗？

7. 嫉妒——不要与别人比较，要与昨天的自己比。

8. 批评——说永远比做容易，应多体谅他人的难处。

站在阳台望向远处，宽阔的视野和新鲜的空气，容易让人"重新聚焦"，省思"为何如此激动""有没有回旋的空间""还有其他选择吗"，当你想过这些，大多可以为了顾全大局而及时调整心态，不再坚持己见，选择另谋解决方案和途径。

➤ 广建人脉的四种态度

想要拥有好人缘，建立厚实的人脉，根据我数十年的生活、职业生涯经验，只要做到以下4件事，无须刻意奉承、讨好他人，便可水到渠成：

一是正面思考。正面思考是指当遭逢恶劣情况时，仍能保持乐观，不因他人批评而沮丧，不因困难而分心。在职场上，唯有专心致志方有机会叩关成功；他人的流言蜚语、闲言碎语，甚至冷言冷语，都无须太在意，否则将离成功越来越远。

二是切勿自疑。内心自我怀疑的人注定是失败的，因为他将时间和精力浪费在自我怀疑中，因内耗最终将击垮自己。因此，若要成功切勿自疑。

三是积极向上。积极的人像太阳，照到哪儿亮哪儿；消极被动的人则像月亮，初一十五不一样。颓废的人，自暴自弃，连亲友也会闪避不及；努力奋斗，引领自己向前的人，则人见人爱，得道多助。

四是虔诚信仰。信仰是人类心灵的支柱，跨越时空、地域、种族、社会阶层。当遭遇冲突、危难、险阻、痛苦时，信仰是心灵的支柱，能抚平一切负面情绪，转而正面思考、积极向上，且不自疑。信仰虔诚者通常个性稳定、不愠不火，态度适中、分寸得当，自当人缘佳、人脉广。

受制于环境，是成事的杀手

没了勇气，其他美德都将黯然失色。

在生活或职场中，有许多人离不开舒适区（comfort zone），其实，即使只要踏出一步，就是海阔天空，甚至扶摇直上，但就是有许多人不愿意向外踏出这一步。更令人惊讶的是，不少人已身处困境、逆境，甚至是险境，心中满怀怨怼、连声叫苦，却仍是不愿做任何改变，只想逃避到无法逃避为止。

为什么这些人宁愿陷在困境也不愿选择改变？最关键的原因是他已"受制于环境"，即使才干过人也没有做出改变的勇气，就失去了脱离困境的力量。许多人已受制于环境而不自知，却总能想出一套自圆其说的想法安慰自己；有人明明知道再不认真工作职业生涯已封顶，内心却又告诉自己还是不要太突出、不要多才遭妒；有人总会想出千百个理由不愿面对现实，宁可走入迂回曲折的路。

曾有位同事在某个工作环节出了纰漏，上司限期 3 天改善，但他却迟迟没有动作，对上司是能躲就躲，过了 3 天上司并未再过问此事。

于是他心存侥幸地认为此事应无关紧要，到了第 20 天，他更认为上司已忘记此事了。没想到，到了第 21 天，上司约见他说，因为他始终没有主动改善纰漏，公司已决定开除他。

为什么这位同事宁愿选择侥幸、逃避，也不愿意面对问题呢?

个性怯懦的人，容易让恐惧这张无形的网绑牢得动弹不得；面对逆境时，因害怕而不愿意选择面对，无能为力的挫败感让他宁愿坐以待毙也不敢改变。

➤ 什么是"受制于环境"呢

在讨论之前，我先举个在一场国际重要比赛中发生的事。当时有两位世界顶尖的体操选手，她们的战绩差距微乎其微，是夺金的热门人选，唯有在最后一个项目比赛结束后，两人方能一决胜负。

第一位选手上场，其表现超越平日的水平，堪称无懈可击；时间刚过中场的刹那间，她出现了一次会大幅丢分的失误，全场观众吃惊的叹息声顿时四起。但这位选手在极短的时间内重新振作，再度展现出失误前的水平，直到终场，观众掌声如雷。

第二位选手上台竞技，她的表现亦让评审眼睛为之一亮。但就在结束前不久，她应该是满心以为胜券在握，兴奋之余犯下了一个小错误，也引起观众席上惊呼连连，沮丧的她又犯了第二个错误，这时肢体动作已经乱无章法了。从转播中可以感受到，她已经完全无法集中心神，只想尽速逃离比赛现场。

夺得该届体操金牌者自是前者。

在大型国际运动竞赛中，决定比赛胜负的，往往不是选手、球队的技术，而是心理素质。若干选手、球队在预赛时好比一条龙，但到了正式比赛时，表现却犹如一条虫，关键便在于心理素质，也就是"受制于环境的对抗力"差。

若从实战角度来看，"受制于环境的对抗力"是实力的重要一环。职场人士亦然，若不知强化这种心理素质，势必深受环境变化的影响；唯有因时、因地制宜，快速、妥善地处理危机，甚至将危机转为契机，才能充分表现自己。

想要不受制于环境，仅凭理智还不够，还得鼓起勇气，愿意从小小的突破开始尝试，其带来的影响将超乎想象。带领人类历史前进的原动力正是勇气；在此也特别强调，勇者并非无惧，而是即使恐惧至极，依然坚持向前不退缩。

➤ 人生始于勇气

随着社会、产业变化速度的加剧，越来越多的人无法适应、超越环境的变化，不少人借助药物、毒品、3C 产品麻痹自己逃避现实。这些失败者除了缺乏自信，更重要的是个性软弱，常屈从于困境，不愿主动迎击，不善于危机处理，任由危机扩大以致于无法收拾。

其实，没有人天生就是勇者，勇气是可经后天培养的美德。唯有在实战中操练，一步步培养真正的勇气。一如想学会骑自行车就得跨上自行车，想学会游泳就得跳进游泳池，想成为一位企业家就得投入创业，想成就好的品格就要改掉不良的习惯。成功者面对险境时，相信自己必可击退阻力、挫折，而且坚持到底、不放弃，并从危机中不断磨练、不断累积实力，形成正向循环，终于跨越成功的门槛。

数十年人生及职业生涯，我接触、认识的人颇多，发现唯有勇于迎战挑战的人，方有机会战胜困境、逆境、险境。人生在世，一定要有担当的勇气、追求美好事物的勇气、结合理性思考的勇气。你会惊奇地发现，一点小小的勇气能带给你的人生多么大的回报！人生的衡量就是勇气的衡量。

一个内向害羞的年青人，在接受我的辅导后开始在电梯中及等车时试着跟陌生人交谈，几周后不但突破不敢与人交往的困境，而且在与陌生人交谈中得到前所未有的乐趣。

拿出勇气，收获的可能是创造人生及职业生涯的新巅峰，可能是一次终生受用的宝贵经验，也可能是发现自己意想不到的潜能。想要体会人生、世界的深刻与美好，从勇敢开始吧！

ENERGIZE

一对一沟通，让我真正了解你

在分配任务与开导别人之前，应该先"知兵识兵"。

初次担任主管的人，无不满怀壮志、想有一番作为。常常是新官上任三把火，积极施行理想中的"新政"。不过，常见的结局是没唤醒同事的热情、遭遇消极抵制，最后的结果，不是自己包揽了"新政"的所有业务，就是雷声大雨点小，不了了之。

若是就地升迁的主管，先前互动热络的同事，会因新关系而出现冲突，甚至形同陌路或对立，而感到气馁或心灰意冷。其实，大多数情况下并非同事们想要贪图安逸，不愿有所突破，关键在于新主管不懂得知人善任，又没有与员工进行深度沟通，彼此的信任感不足，以致不错的改革方案皆无疾而终。

➤ 经理人的第一门课

知兵识兵、分工授权，堪称经理人的第一门课，如果修不好这门功课，再往上升迁的机率将微乎其微。而与下属进行"一对一沟通"

是知兵识兵的最佳途径。当建立起彼此的信赖关系后，再根据下属的专长、意愿、人格特质，将其调整至最适合的位置，方可让团队如臂使指，发挥最大的战斗力。

1979年，我为摩托罗拉设计出全球第一款64K DRAM，使其跃居全球内存龙头的老大。64K DRAM犹如印钞机使摩托罗拉业绩如日中天，也打响了我在半导体产业的知名度。

一年后，我转至向往已久的英特尔任职，担任设计经理，负责开发iRAM。英特尔是半导体产业的创新者，当时几乎所有内存产品皆出自英特尔。英特尔期许iRAM兼具成本低、易使用两大优点，但其设计复杂，对首次担任经理人的我实为高难度任务。

英特尔人才济济、卧虎藏龙，大多数员工皆是顶尖大学高材生，工程师尤为自负。不过，英特尔纪律严谨、赏罚分明，更崇尚内部竞争，鼓励建设性冲突，每年有超过30%新职员离职，足见其工作压力远大于一般企业。

在接手iRAM团队一周后，我才发现进度已落后3个月，高层亦不允许再延迟下去。之后，更察觉团队成员多为其他团队的弃将，这个团队当时被称为乌合之众，亦不为过。

我是从摩托罗拉空降到英特尔的主管，iRAM团队成员对我的敌意颇深，其他的设计团队，甚至质疑、鄙视我在摩托罗拉64K DRAM的成就。我面临百般抵制和孤立，一些年资超过10年的同事更倚老卖老不服指令。

到职两个月后，英特尔举办"设计审核"（design review）会议，

iRAM 团队的设计被批评得体无完肤。而且 iRAM 推出时间将比目标时限再晚 6 个月，可能已赶不上产业潮流变化，多位审核者建议应尽早取消此项目。

审核会议后 iRAM 团队士气更如雪上加霜，我虽努力为成员打气但成效不大，几乎每个人都私下准备另谋出路了。此刻，我因此前回中国台湾出差感染急性肝炎，体力大不如前，医生特别嘱咐中午一定要休息，但我无法遵从医嘱；加上因花粉过敏鼻炎发作，白天昏昏沉沉，夜晚严重失眠，此时的我身心俱疲，抑郁难抒。

这时，摩托罗拉的上司、同事不时来电，希望我回心转意，重返"娘家"。对置身水深火热中的我，此邀请深具吸引力；毕竟在摩托罗拉我如鱼得水、驾轻就熟，又有战功；现在工作所在地俄勒冈长年湿冷，相比之下，风光明媚、阳光普照的先前工作所在地奥斯汀，就更加令人怀念。

但我回顾加盟英特尔的初衷，最后仍决定不可半途而废，所以婉拒了摩托罗拉上司、同事的好意，仍留在英特尔。

➤ 对菁英当以心对心

我发现 iRAM 团队成员虽个性执着、彼此不服，但他们各有专精，若能让他们因才适用、团结一致，他们其实是精锐部队。但要管理眼界甚高的英特尔员工，以脑对脑注定会失败，只能以心对心方有机会凝聚共识、众志成城。

此时，某位同事因私事咨询我的意见，并认为与我商议的结果对他帮助颇大。于是，我决定改变管理方式，建立一对一的会议机制；每周举行一次与设计工程师、程序工程师的会议，每两周举行一次与制图员、技术人员的会议。每次会议不超过 1 小时，会议主题、内容由 iRAM 团队成员主导；我刻意不记笔记、专心聆听，不主动谈及工作，让他们畅所欲言。

起初，团队成员对一对一会议极度排斥，认为毫无作用。但在会议中，我既不问隐私、不问对其他组员的看法，更不外泄谈话内容，不借机挑拨离间、拉帮结派，一切光明磊落，并确保会议的隐密性。我只想透过会议，希望团队群策群力，全心投入 iRAM 研发。

经过数次对谈后，我与 iRAM 团队成员逐步建立起信任关系，渐渐地，他们亦谈及其嗜好、抱负、亲友关系，以及眼下遭遇的困难。3 个月后，因为我竭诚协助他们解决反映的问题，他们反而期待与我晤谈的机会。

➤ 会议旨在解决问题

经理人务必清楚认知，会议的目的不仅止于沟通，更要适时解决问题。切忌会而不议，议而不决，决而不行，行而不果。透过一对一会议，iRAM 团队成员从被迫的参与者蜕变为主动的参与者，态度亦从被动地观望转换成主动地参与；我也深入认识 iRAM 团队的每位成员，再按才授职、分工授权，使其乐在工作之中。

"按才授职"是指主管根据部属的才能、优点，重强避弱、扬长避短，安排适当但具挑战性的职务；"分工授权"重点不在分工而在授权，唯有分享权力，部属才会心悦诚服地接受统御。

在实施一对一会议机制后，越来越多的 iRAM 团队成员认同我的管理和设计理念，也从原本的一盘散沙凝聚为斗志昂扬、同舟共济的研发设计团队。

于是，我重新调整 iRAM 团队成员的业务范畴和工作职责，因为是按才授职，所以过程未遭任何异议。最后，在采用一位成员精研的 CVS 后，终于如期、成功地研发出 iRAM，且质量精良、备受赞誉。

若常与部属一对一沟通，大约只需短时间内就可了解其个性。我大致将人才分为四大类型，依次为讨喜热血型、强势激进型、完美优思型、和平冷静型。我们每个人的个性可能是这些类型的混合体，只是有显性与隐性的区别。

一是讨喜热血型。个性外向幽默，擅长制造欢乐、兴奋的气氛，懂得鼓舞振奋他人。这类型对人有兴趣，适合担任与人互动、亟需创意的工作。但缺点在于重感觉，容易分心，执行力弱，专注力较差，可能忘东忘西，需要不断从旁提醒。

二是强势激进型。个性好强，做事专注，言行举止充满权威感，总在寻找新的挑战；有强烈的企图心成为领导者，可明确掌控工作进度，协助他人判断利害得失；且擅长危机处理，可快速厘清状况、衡量轻重，当机立断，下达明确且正确的指令。但缺点是容易骄傲，缺乏同理心、同情心。

三是完美优思型。个性坦诚，对知识着迷，精通理性分析，思考力过人，做事有条不紊，无论担任何种职缺，皆强调愿景、价值、梦想，堪称完美主义者，希望每件事都做到尽善尽美。缺点在于缺乏自信，过于重视细节，容易挑剔他人，不易与他人亲近。

四是和平冷静型。个性开朗稳重，在任何情况下均以和谐第一。适合当调解者，懂得在纷乱中保持冷静，并找到折中方案，对恶劣情境反应较不激烈。缺点乃是过于低调、散漫，缺乏进取心，偶尔不守纪律，且较为优柔寡断。

"一对一沟通"是认识彼此的最佳途径，所以，无论是在企业、家庭还是社团，若是能活用此沟通，在引导孩子、了解他人，甚至开导他人方面，都是无往而不利的好素养。

共赢法则，利他是最好的利己

在一个失败的团队中，没有任何人是成功者。

儿子念高中时，我陪他看了一场校际比赛。比赛结果，A 队以 70 比 73 败给了 B 队。

A 队队长 Jerry 是个风云人物，个人全场独得 50 分；比赛中也不断要求队友传球给他，企图以一人之力对抗敌队。B 队得分则相当平均，甚至 5 人的得分都超过两位数，当然也包括队长 Tommy。Jerry 赛后抱怨："都是因为队友太弱才输球，全场只靠我独撑战局。"

其实，我观看的结果，担任控球后卫的 Tommy 球技不逊于 Jerry，但 Tommy 的球风大公无私，不以自我为中心。Tommy 随时掌握其他 4 位队友的位置、动向，他总能找到最佳时机为队友助攻得分，并时时鼓励队友；当队友位置皆不佳时，他则努力挑战篮框企图得分。B 队球员向心力极强，完全信任 Tommy 的领导。

A 队会输，完全是因为 Jerry 个人得分太高，企图以一挡五！这一课如果 Jerry 能在高中时就学会，以他的风云人物性格，未来在职场上是不可限量的。

➤ 团队胜利决定个人成败

几十年的工作经历，不难看到有些人的专业知识和技术是鹤立鸡群，但他始终与升迁绝缘，根本的问题就出在"缺乏团队意识"。

也看到有些经理人天天加班，有时连假日也到办公室报到，个人的业绩称霸全公司，他的部属却时时闲着没事做。因为他自己揽下了所有重要的工作，还常抱怨没有人帮忙。如此心态和做法，只能无奈地成为"万年主任或万年襄理"，原因无他，因为在一个失败的团队中，没有任何人是成功者。所以想成为一位出色的管理者，务必认识且身体力行"共赢法则"，即利他永远是最好的利己策略，唯有协助他人、提高他人的价值，自我的价值方得以提升。

中国历史上的楚汉相争，亦是印证共赢法则的最佳范例。

秦始皇驾崩后，继位的秦二世遭权臣赵高架空，倒行逆施以致群雄纷起，经过几番兼并，仅存楚汉对峙。楚霸王项羽堪称一代天骄，兵多将广，能征善战，最后却败给曾被父亲斥为无赖的汉高祖刘邦。

项羽输了，输在他刚愎自用、专断独行，导致武将、谋士纷纷叛逃；兵败乌江后因无颜见江东父老而自刎。刘邦才智、品德皆不堪闻问，却重用及充分授权张良（子房）、萧何、韩信等人，帮助他开创了国祚超过400年的大汉帝国。

晚年时，刘邦曾自我剖析："运筹帷幄之中，决胜千里之外，吾不如子房；镇国家，抚百姓，给馈饷，吾不如萧何；连百万之众，战必胜，攻必取，吾不如韩信。三者皆人杰也，吾能用之，所以取天下也。"

想从一般上班族晋升为管理者，或从初级主管升至中、高级主管，必先实践共赢法则。若不愿遵行共赢法则，多半只能成为优秀的专业人士，即使升上初级主管，必定也与部属势同水火，或犹如两条平行的线，难有交集，除了团队成绩顶多差强人意，个人要再升迁难度甚高。

一个成功的管理者，不仅个人业务兢兢业业、戮力以赴，还要让部属心悦诚服、恪守岗位、各司其职，愿意为团队目标而努力。所以，并非每个人都可成为优秀的管理者，但只要用心学习一定可以不断提升管理能力。

➤ 权威式管理短多长空

经理人的管理模式约可分为两大类：权威式管理和感召式管理。

权威式管理出发点为利己，奉行高压、利诱，不断压榨部属，经理人将部属视为可任意驱使、摆布的棋子，随时掌控部属的一举一动；此管理法虽有立竿见影之效，却是短多长空、无法持久，只适合管理知识、文化层次较低的员工。

采用权威式管理的企业或主管，其员工一旦意识到自己只是棋子，甚至面临用完即丢的命运，势必缺乏认同感、归属感，也丧失工作的热情和斗志，工作也一定只求交差了事；若有跳槽机会一定马上辞职走人。

感召式管理的出发点是利他，经理人总将部属的需求置于自己的需求之上，与他们共荣共辱，信任、尊重部属。在工作上，时时主动关怀部属，协助他们超越自己、持续进步，激发其最高潜能；同时能放低身段、仔细聆听他们的心声，以同理心思虑他们的处境，并欣赏、赞美其长处。

当部属感受到成就感、荣誉感，工作自当全力以赴，并全力配合主管的指令，与其他同事相互应援，达成团队的目标和任务。虽然，初期部属可能半信半疑，但经理人持之以恒、信守承诺，必可取得他们的信任，从被动听命从事转为主动积极任事，而且决不争功诿过。

贯彻感召式管理的企业、部门，管理者和部属虽有职位高低之别，但经理人将部属定位为合作伙伴，和他们分享理念、愿景，致力使其成为共同的目标，并让他们由衷认同，在齐步向前时，双双均能成长，团队战力必可越战越坚强。我深信职场上亦有爱，经理人向部属传达关爱，也必将获得部属善意的回报。

根据盖洛普（Gallup）的调查，约有65%的离职员工，离职的主要动机是因为要离开顶头主管；其原因不外乎对上司丧失了信任与信心，个人的价值未获认可、看不到发展空间。

权威式管理在20世纪当道，但到了21世纪，感召式管理逐渐当道，因为21世纪的知识型员工，无论知识、能力皆远高于20世纪的生产型前辈，但精神状态却较为焦虑、混乱、不确定，对工作不只要求合理的薪资，更希望拥有认同感、归属感、参与感、成就感，对未来充满梦想，这些特质的工作者非感召式管理无法统御。

共赢法则的精髓在于，协助并提升他人的有形、无形价值，就是提升自我价值的最佳途径。提升自我的自尊、成就，最快的实现策略乃是提升他人的自尊、成就，因自我与他人的提升是同时发生的。

一家完全向钱看的企业，即使一时风光终将昙花一现，很快衰退甚至消失；反倒是若干奉行共赢法则的企业，即致力于产制优质产品、提供优质服务、有计划地回馈社会，却可长盛不衰，日益兴旺！

找出你的成事帮手和败事杀手

成事者，总能在一般人最想不到的地方，找到资源，得到帮助。

唐太宗曾言："以铜为镜，可以正衣冠；以史为镜，可以知兴替；以人为镜，可以知得失。"只不过，良药苦口忠言逆耳，无论在生活、在职场，大多数人都是喜欢被赞美，厌恶批评，即使喜怒不形于色的人，也是无法免于日益亲近赞美者并疏远批评者的人性；久而久之，越来越听不到真话，离事实越来越远，偏听、偏见、偏信的结果就是无法让人做出正确的判断和抉择。

听闻他人的批评时，首要的应分辨其为"恶意的批评"或"善意的批评"。分辨之法是要先平心静气地与发言者多沟通几句，很快就能知道其出发点是利己、恶意的批评，还是利他、善意的批评。若是恶意批评，可一笑置之不必再理；若是善意批评则不应逃避，反而应寻找适当机会主动、恳切地与批评者沟通，除了谢谢他的指教，也应该针对他的反映有所回应。

➤ 靠发烧友起家的小米机

善意的批评是企业成长的原动力，最好的例子就是在手机市场地位无可撼摇的苹果霸主，以及后起之秀小米。两家企业的共同点，在于虚心接纳发烧友的批评、不断改进产品的缺点，结果发烧友的阵容越来越盛大，它们生产出来的产品是其他企业皆无法撄其锋的。

苹果创办人乔布斯，生前亲自与一大群的苹果发烧友频繁互动，每当苹果有新产品问世时，发烧友们总是踊跃提供各种意见，这些意见是苹果产品改版时的最佳参考依据。这些发烧友不仅是死忠消费者，更是诤友、参谋、不支薪的推销大将；他们像传教士般，热心地向亲友推荐苹果的产品，而且永不厌烦。

小米起初并非手机企业，而是手机发烧友的网站。随着浏览人数与日俱增，在搜集到诸多专业意见后，小米决定自行生产手机。消息一公布立刻就有上万名发烧友预订，小米挟巨量订单，成功压低生产成本，就此一飞冲天跃居手机大厂，之后再延续此模式持续壮大。

一个领先产品（product）或想法（idea），从研发到普遍化，使用族群依其使用时间先后，分别为创新者（innovators）、早期使用者（early adopters）、前端大众（early majority）、后端大众（late majority）、落后者（laggards）。成功者在赢得普遍化之先，须得到创新者加上早期使用者的数目超过15%的转折点时，方能影响到其他的使用族群，而发烧友正是早期使用者，也就是消费者市场里的意见领袖，若此产品未获足够的早期使用者支持，很可能就此下市，无重见天日的一天。所以，一家企业的发烧友人数越多，越容易呼风唤雨，超越同行。

每一家企业的每一个部门，在众员工中一定也有人是相当于意见领袖的角色，经理人若可获得意见领袖的信任，推展业务必将风行草偃、事半功倍（成事帮手）；反之，则将事倍功半（败事杀手）。因此，若非原地升职，新主管在就任后应先找寻员工中的意见领袖，列为最重要的工作事项之一。

意见领袖并非指人缘最佳、长袖善舞者，也不是自己能力不足，借着拉帮结派、以求生存的麻烦制造者；此处的意见领袖，其共同特点为专业能力超越同侪，无可替代，对有兴趣的工作全心、全神投入，甚至愿意无偿加班，直到有所成果或答案水落石出方肯歇息。

只是，意见领袖虽可影响或左右其他同事的看法，但缺点是不合群，自视甚高、目中无人，瞧不起专业能力略逊的同事，也看不惯工作不如他们努力的人，且决不认错，时常抱怨别人不了解他们；亦常批评别人的不是，同事、上司皆难幸免；若无法以理服之，他们是会抗命的！

➤ 面对面与心对心的对待

在职业生涯中，关键时刻帮助我最多的部属，并非最听话、最服从者，反而是众人眼中的捣蛋分子、麻烦人物。这些捣蛋分子、麻烦人物，若能善用他们，发挥他们的影响力，他们就是意见领袖、成事帮手；若忽视、轻慢他们，他们就成了你的败事杀手。要得到意见领袖的鼎力协助，得先取得他们的完全信任。

想要取得意见领袖的完全信任，最佳策略为面对面、心对心，先为他们解决难题，建立起伯乐千里马的伙伴关系，此后即使遭遇再大的风浪，仍坚定支持他们，强化彼此的信任关系，他们必当竭尽所能。

我在摩托罗拉担任 FSRAM 全球总经理时，在我的麾下便有 3位这种意见领袖型的部属；一位是设计经理，一位是设备部门的要角，一位则是制程经理。3 人皆是一方硕彦，却和其他同事格格不入，屡屡传出纠纷、争执，每次都得我出面调解。

有次，他们犯了众怒，人事部经理希望征得我的应允对 3 人进行惩处，我决定与他们个别面谈之后再做定夺。在面谈中，我先肯定他们的专业成就，与对企业、部门的贡献，并特别强调，我会尽一切努力与他们继续合作，所有语言不涉对错、不责备、不威胁、不命令。

借由心对心的晤谈，他们终于卸下防备之心，吐露藏在心底的真话。原来，他们内心亦充满恐惧，脱序的行为举止旨在保护自己，因为他们认定别人不喜欢、也不接纳他们；我仔细聆听后，发现真正根本的原因在于他们厌恶自己。

面谈结束后，我回复人事部经理不做任何惩处，并请人事部拟订辅导方案，我全力支持并支付相关的费用。于是，他们得以前往卡内基训练中心，免费学习"如何喜欢自己""如何与他人沟通及互动"等课程，每周上课 3 次，为期 13 周，时间皆在下班后。

经过 13 周，他们仿佛脱胎换骨般重生，变得谈笑风生，和蔼可亲，不再钻牛角尖与同事们起冲突，更愿意肩负高难度的工作，对部门的贡献大幅提高，同事们都乐意与其亲近；更重要的是，他们远比昔日更快乐。

➤ 挽救危机的意见领袖

此时，为了方便供货欧洲客户，我决定将奥斯汀厂部分产能移往苏格兰厂；并与生产部门约定 3 个月内完成迁移、测试、供货。没想到，苏格兰厂芯片测试屡屡失败，等转回奥斯汀厂测试时，距离与生产部门约定的时间只剩下一周。

令我头痛的是，奥斯汀厂上下依然找不出症结所在。3 天后，我决定派遣这 3 人进行测试，他们必须在 4 天内排除问题，否则后果不堪设想。经过整整两天两夜的测试，用尽了所有测试工具，依然徒劳无功。

3 人前来向我报告时，个个疲惫不堪，愁容满面，不断地抱歉："让你失望了！"更希望在 10 分钟后继续返回实验室努力。当时，我带着笑容说："你们是部门的菁英，倘若你们找不出症结所在，相信全世界也无人可解，我完全信任你们的能力。至于最坏打算，我从未想过，因为你们一定可如期完成！现在，你们又饿又累，应该立刻回家。吃饱后，洗个热水澡，马上去睡觉，保证到了明天早上，你们就会找到答案。"听完我的建议，3 人在半信半疑中离开公司。

第二天早上，他们透过电话联系，不断进行脑力激荡，30 分钟有了具体结论，随即连袂赶赴实验室，这次只花了 30 分钟就找出症结所在，终于重新启动芯片生产。

解决了这个燃眉之急后他们不断追问我，为什么我会预测到他们可以及时完成任务？我告诉他们："我不是预测，而是完全相信你们可以找出问题，解决这次的难关，这就是因信任而带出来的能力。"

人才管理与人才培养

招人要慢，走人要快，人才的管理与培养并重。

很多基层工作者都会有自己只是公司的小螺丝钉、随时可能被淘汰的焦虑感，然而，企业经理人无论职位高低，都不应该像早期的工厂厂长般，将员工视为随时可替换的设备、零组件；有时也应该像个农夫，细心培养、呵护员工，才有能耐吸引、招纳优秀的人才。

几乎所有的企业主、经理人，都深知人才的重要性，但却罕有企业主、经理人重视人事并直接参与人事管理。原因不外乎，不喜欢或不知如何做。被誉为 20 世纪最伟大经理人的杰克·威尔奇（Jack Welch），在担任通用（GE）公司首席执行官时，亲自掌控人才的任用、调派，成功带领一度暮气沉沉的通用，重新成为最具竞争力的企业之一。

威尔奇掌舵通用初期，先大刀阔斧地进行改革，裁撤已无市场竞争力的部门，保留并强化执市场牛耳的部门，并积极招募、培育优秀人才，终于让通用风华再现。

对于员工，企业应建立两套体系，两者缺一不可。一是"人才管理体系"，着重于员工当下的绩效，这里的企业经理人就像是工厂的厂长；另一个是"人才培育体系"，侧重于员工未来的潜力，这里的企业经理人应像个农夫。

➤ 人事非急事却是要事

虽然，人才的选用、提拔、培养、调派都不是急事，但企业主、经理人务必将其视为要事。随着企业、部门规模越来越大，企业主、经理人应花更多时间思索、安排人事，不可将其全权委托人事部门；拾级而上的经理人，因为管辖的部属人数不断增加，更应如此。

企业主、经理人应深刻认知到，每一个员工都是有生命、有思想的独立个体，需要幸福感、光荣感，不可让他们感觉像螺丝钉一般；员工上班不仅为了薪资，更为了个人、家庭的幸福，并希望藉工作获得成长。

企业若要超越竞争对手，决胜的关键大多在于人才的多寡、良莠。企业主应指示人事部门，设计富弹性、人性化、全方位的人才管理体系与人才培育体系；经理人则应扮演部属与人事部门的桥梁，积极、正面协助部属，了解企业人才管理体系、人才培育体系，激励部属奋勇向前，让他们的业绩、视野、企图皆不断成长。

不过，大多数企业主、经理人皆误解人才的定义，人才并非最聪明、最能干者，亦非只能从求职市场中招聚，真正的人才常常藏在企业、部门中。在我看来，一个员工若适才适所且能力持续增强，显示其逐渐发挥潜力，便是最佳、最适、最具价值的人才。

因此，企业主、经理人不能轻视原有部属，误信唯有对外招兵买马才能解决人才饥荒。空降部队必须经历磨合期，才能熟悉、融入企业或部门的运作。其实，最佳、最适、最具价值的人才通常不是招募来的，从企业内部拔擢人才，不仅事半功倍更可激励员工士气，强化其向心力、忠诚度。

在此，并非全然否定对外挖掘能才的必要性、重要性，但根据我多年的观察，发现几乎所有的龙头企业，其主要领导约80%由内部培养，仅约20%由外部延聘；虽然由内部培养人才耗费时日，但空降的主管从加入团队，到与部属、同事齐心协力，同样非数月甚至数年之功难以磨合到位，且失败机率较高。

若要缩短内部培养人才所耗费的时间，企业主、经理人就得亲自管理人事，并培养深富潜力的人才；假使将人事管理全权委托人事部门，还可能导致若干人才遭到埋没，最后甚至琵琶别抱，反倒成为企业的强劲对手。

➤ 建立有生命的人才体系

若将有生命的人才体系喻为农作物，其土壤当是健全的企业、部门文化；健全的企业、部门文化，其主要养分为诚意与创意。

一是诚意。是指以诚待人、正派经营、互信互重、和谐合作、全力以赴、勇于负责、合规合格、质量至上，注重品德、诚信、团队精神。

二是创意。是指颠覆传统、不断应变、精益求精、追求卓越、冒险犯难、正面思考、满怀希望、创造未来，推崇挑战与勇气。

企业、部门最需要的人才，不仅需拥有卓越的专业知识、综合能力，更要认同企业、部门的文化；否则其专业知识越高、综合能力越强，反倒越容易跳槽，企业、部门倾注资源培养，却是为他人做嫁衣。

为何企业主、经理人培养人才时应像个农夫呢？农夫耕种有生命的农作物，按农作物的特质灌溉、施肥、修剪，不可揠苗助长，不可违逆其天性，为一长期、周而复始的工作；唯有用心耕种，方有机会欢呼收割。企业主、经理人效法农夫，方可建立有生命的人才培育体系。

企业主、经理人看待与对待员工，若无培育之意，仅有管理之心，其心态将与早期的工厂厂长相仿，只在乎订单可否准时交货、业绩可否续创新高，因此员工亦抱持过客心态，毫无向心力、忠诚度可言，流动频繁，根本无法培养、挖掘人才。

一个企业如何建立健全人才管理体系、人才培育体系呢？我认为其应再细分为员工招聘体系、组织架构体系、福利薪资体系、绩效考核体系、末位淘汰体系、晋升管道体系、员工培训体系、股份分红体系，方可称为全方位的人事体系，且运转如意、人才辈出，其依序简述如下：

一是员工招聘体系。企业、部门若要从内部培养干部，关键在于严选基层员工；挑选富潜力且与企业、部门文化契合的新秀，并予以精心栽培。我在创办上海毅仁（E28）时，便设定以下征才原则：

1. 根据任务挑选员工，而非根据职位空缺。

2. 招聘一个员工，至少要有 3 个人选。

3. 不可轻信自己或他人识人的能力。

4. 不可快速决定人事。

5. 务必厘清求职者离开上一家公司的真正原因。

6. 追问求职者在职业生涯中的最大成就，并由其言辞判断真假，或是否有夸大之嫌。

7. 请求职者陈述在职业生涯中曾犯的最大错误，并从中学习到哪些经验。

8. 尝试了解求职者综合能力高低，可否与他人密切合作。

9. 尝试了解求职者的人生观、价值观，与企业、部门的文化是否契合。

10. 由 5 位主管进行面试，避免因一人之见，错失了可造之材。

二是组织架构体系。即使严选基层员工，若企业、部门组织架构或叠床架屋，或令出多门，人才依然可能被埋没。因此，我建议企业主、经理人应以业绩、客户为核心，重新设计组织架构，避免过多层级、一人身兼多职，让每位员工担任最合适的职衔，并将创新单位与营运单位分开；且组织架构应书面化、公开化，以确立权责。

三是福利薪资体系。优秀人才对工作的期待，不仅是成就感、能力增长，也包括合理的福利、薪酬。企业、部门应给予可激励员工的薪酬，但也要避免超越财力可负担的上限；同级员工薪酬计算模式应相同，致力于立足点平等，而非齐头式平等。

更重要的是，每一位员工可根据当月表现，快速、正确地计算出自己可获的薪酬。薪酬计算方式应简明，却不一定要公开，制订员工薪酬应虑及产业平均水平，但评量企业、部门财力，不一定得高于产业平均水平；部分薪酬应由员工近期业绩决定，以激励业绩卓越者。

四是绩效考核体系。在建立健全的组织架构、福利薪酬制度后，若无促进优胜劣败的绩效考核制度，人才亦难以出头。我的经验是，考核指标至多不超过 3 个，其应和薪酬奖励直接联结，且与企业、部门关键指标一致；制订考核指标时，应参考员工的意见。

不可忽略的是，考核指标应书面化、公开化，让每位员工认识、认同，并可根据考核指标计算自己可获得的奖励；考核指标更应维持稳定，在一年之内，除非特殊状况，尽量勿更动考核指标与相对应的奖励，以免人心浮动。

依照考核指针，分数最高的一成员工，可注记"非常优秀"，后三成员工可注记"很好"，之后三成员工可注记"合格"，再后两成员工注记为"需要改进"，最后一成员工，则列为"不合格"。

五是末位淘汰体系。针对最后一成员工，应深入探索其不合格之原因。若其职位不当应予以转职；若能力不足应予以培训；若其工作态度欠佳可进行辅导，若辅导成效仍不明显，则应果决裁撤。

六是晋升管道体系。企业主、经理人切记，应针对不同职务的员工，设计不同的升迁管道；并清楚定义可升迁职位的权利、责任与条件，但也应明订淘汰机制。

七是员工培训体系。企业、部门培训员工，应以内部培训为主、外部培训为辅，企业主、经理人也应亲自投入培训，订定学习时长、内容，并让培训成为升迁的必经管道；培训内容不该是泛泛之谈，而应锻炼员工面对、解决问题的能力。

八是股份分红体系。至于股权奖励，我建议规模宜小不宜大，只奖励最杰出、最具贡献的员工，股权奖励应和薪酬奖励接轨，让员工持股数与其责任、业绩高低等量齐观。

ENERGIZE

8

做自己生命中的贵人

每个人的人生，都是他自己心中描绘的样子。

"世有伯乐，然后有千里马。千里马常有，而伯乐不常有。故虽有名马，祇辱于奴隶人之手，骈死于槽枥之间，不以千里称也。"韩愈的《马说》一文传颂千余年，许多人亦以千里马自况，成天嗟叹怀才不遇，遇不到赏识自己的伯乐，被迫平凡、庸碌过一生。

总结数十年职业生涯，我更加相信世间充满诸多因缘，只要一次因缘际会便有机会攀登事业新高峰；但前提在于，不可轻忽任何一个人，也不要错过任何一次助人的机会，更应学习对每个人热情以待、把每件事做到完善、对每个机会充满感激，将可增加遇上伯乐的机会。

➤ 赢家和输家的不同

纵使遇不上伯乐亦非世界末日，因为每个人都是自己生命中最重要的贵人。如果连自己都放弃自己，就算伯乐出现恐怕也认不出你是千里马！决定赢家、输家的关键因素，并非学历、经历、身世，而是态度，"赢家永远不放弃"（A winner never quit）、"懦夫永远无法赢"（A quitter never win），此理千古不易。

面对困难，赢家会说"让我们找出原因，并勇于做出承诺"，输家则推诿、拖延、敷衍；赢家常谦虚说是运气好（老实说，仅凭运气是无法达阵的），输家却总将失败归咎于他的厄运（但运气不佳仅是众多原因之一）。

赢家善于倾听，尊敬比他更优秀的同学、同事、同侪，甚至是客户、对手，虚心地学习他人的长处；输家总爱打断别人的话，遇到比自己更优秀的人，总是忿忿不平，并努力找出其短处。在职场上，赢家除了做好份内的工作，还不时帮助其他人；但输家总是自扫门前雪，不管他人瓦上霜。

若想遇到生命中的贵人，下面这则真人实事值得深思和引以为鉴。

　　20世纪20年代的美国，一个风雨交加的夜晚，一对老夫妇走进一间饭店的大厅，想投宿一晚躲避风雨。饭店夜班服务生诚恳地说："非常抱歉，现在所有的客房皆客满，若无风雨，我会送二位到与本饭店相互奥援的另一家饭店。不过，现在风雨很大、不宜外出，二位今晚可否屈就，住我的房间呢？"

　　这位服务生接着解释，他的房间虽然无法与客房相提并论，却一样干净；而他今晚值夜班，可在办公室歇息。老夫妇欢欣地采纳了服务生的建议，并因造成服务生的不便向他由衷地致歉。

隔天，雨过天晴，老夫妇准备离开饭店。老先生走到柜台前结账，柜台后方站着的正是昨晚帮助他们的服务生。服务生婉拒了老先生的钱，语气温和地表示："昨晚，您们并非入住饭店客房，所以无需付费，还希望您与夫人睡得安稳。"

老先生深受感动，向服务生点头致谢，并对他说："你是每个饭店老板梦寐以求的好员工。或许，改天我应该帮你盖一间饭店。"

当时不以为意的服务生，竟在几年后收到一封挂号信，寄信人正是老先生，信中除了讲述风雨夜的往事，还附上一张邀请函与往返纽约的机票，邀请他前往纽约一游。

老先生与服务生相约在纽约市第五街与第三十四街的交叉口，眼前矗立着一栋崭新又豪华的饭店。老先生对服务生说："这是我为你盖的新饭店，希望由你来经营。记得当年我的承诺吗？"服务生惊喜莫名，但不解老先生为何选择他，还以为另有条件。老先生肯定地说："没有任何条件，因为你正是我梦寐以求的好员工。"

老先生正是富豪威廉·华尔道夫·阿斯特（William Waldorf Astor），他在纽约市兴建的这家饭店，就是带动华尔街数十年繁盛的华尔道夫饭店（Waldorf-Astoria Hotels），华尔道夫饭店首任总经理乔治·博尔特（George Boldt），就是一夜之间由服务生跃居一家饭店的经营者。华尔道夫饭店自 1931 年启用后，在乔治·博尔特的经营下，成为纽约市饭店的地标，是世界各国政商名流造访纽约市下榻的首选饭店。

➤ 当自己贵人的勇气

倘若肯用心，一定可遇到生命中的贵人，从此运随心转，一帆风顺。在我的职业生涯初期，我遇见了 4 位贵人，他们对我的启发终生受用。

第一位贵人是研究所暑假时打工的工厂领班，因为他给了我一支扫把后把我忘了，在我实践工作不设限后，他肯定了我扫地的认真和用心；第二位贵人是 RCA 的前辈，在他不断找我麻烦后，我为了学本事而主动求教于他，在肯定了我的勇于发问后，他将我转入设计部门；第三位贵人是我在 Mostek 的上司，因为他乐于助人，我主动建议让我独立操作芯片仿真设计的工作，在他的肯定下，我找到职业生涯的定位；第四位贵人是我刚加入摩托罗拉时的上司兼设计经理，在我找出由他设计的 16K DRAM 中的错误后，对公司做出巨大的贡献，却得罪了他。此后在共同设计 64K DRAM 时，我们又竞争又合作，做出世界第一的 64K DRAM，是他逼出了我的独立自主。

由此可知，想遭逢生命中的贵人，守株待兔、广结善缘皆不可取，唯有鞭策自己精益求精，自然会获得伯乐的赏识。人的心思意念总会召唤与之一致的现实，而人总选择性地面对世界，只留意自己相信的事物，对自己不相信的事物视而不见。

既然心念与现实相互吸引、影响，思想犹如绘画的工具，以人生这块画布来作画；一个人的心念若是消极、丑恶，所处环境必当消极、丑恶，其心念若是积极、善良，所处环境也必当积极、善良。

于是，当面对不利的环境、状况时，若可妥善管控自己的心念、情绪，锻炼过人的EQ，专注于积极与善良的人、事、物，持续坚持信念，就可逐步改善环境与状况。

越懂得情绪管理、心念控制，便越能运随心转。当关键时刻到来，不会心慌意乱、自我否定，并透过正面积极的思考，吸引对自己有利的人、事、物，让思考渗入潜意识，激发右脑进行逆向思考，并形成正向循环。最后，在灵光乍现后，职业生涯、人生转折点就会造访，找到突破困境的方法与途径。

可叹的是，大多数人面对困境时，不愿改变固有的思考方式。许多从顶尖大学毕业的优秀学生，在初入职场时表现颇为亮眼，但一遭遇关键时刻，知识、常理皆不足以应对时，却不懂、不愿或不敢创新，最后，终生在郁闷与不解中度过整个职业生涯。

然而，在想出创新方法和途径之后，在说服他人之前先得说服自己。虽说条条大路通罗马，但各领域的成功人士皆有一共通点，那就是相信自己。在未达目标前，即使他人质疑、势单力孤，依然不为所动。

人生固有命运，却也拥有自由意识，自由意识与上天旨意相互动，造就了人生。面临关键时刻，注意由命运掌控的征兆指引并追随它，努力改变僵化的心态，创造自己的人生，这时，自己就是自己的贵人了！

孔老师心灵工坊

【魅力】操练

A. 工作不设限

1. 虽然我们当中很多人的工作范畴不包括产品生产，建议申请参观公司的产品生产流程，有助于具体、深入地了解常挂在嘴边的产品。

2. 尝试阅读公司的季度和年度财务报告，若有不懂之处，可向主管或公司财务人员请教。

B. 收拾情绪，换个视角

从自己的角度写下最近一次的抱怨或跟别人冲突的事端；再从对方的角度写一遍，两相比较，说不定会带出意想不到的对事及对人的重新认知。

C. 找出"怕"之所在，操练勇气

1. 据统计，多数人对在公众面前发言的恐惧大于对死亡的恐惧，勉励自己定期参加会议主持人的训练，以及主动请缨做跨部门的培训。

2. 在每次的社交活动中，至少主动找 3 个陌生人聊天。

D. 善用一对一沟通，将心比心

1. 请下属提前设计和你一对一谈话的议程，内容一定是他或她（们）心中所挂虑之事。

2. 回顾上一次一对一谈论的重点，你有帮助下属解决问题或提出创意性并实用性的意见吗？

E. 感召式管理

让核心下属参与重大项目的设计及计划，也可适时适量地带他或她（们）出席和上司的讨论会。

F. 善用部门里的意见领袖

1. 在部门公开会议上充分肯定意见领袖的能力，把重要工作交给他或她以显你对他或她的信任。

2. 帮助意见领袖学习人际关系，让他或她为全团队做出贡献。团队做得好，每一名队员都获益，让他或她自己赢得其他队员的尊重。

G. 规划培养人才

了解每一位部属的短期及长期计划，让员工清楚他或她还需要进一步提高的地方；有针对性地放手让员工尝试他或她想达到的职位责任。

H. 改变思维，培养自己

你有设立自己的职业规划吗？还是每天只知道完成老板交付的事而没有思考自己一生到底想完成什么？离这个目标还有多远？要怎样做才能一步一步地实现？

Part 3

动力

实现梦想的火车头

本事要学就要学通，先深再博

> 所有突破阻力的工具都是尖的，特点是力量集中、好使力气；所有增加阻力的工具都是宽的，特点是使力量分散、消耗力气。

作家钱钟书的名著《围城》里，形容男主角方鸿渐"兴趣颇广、心得全无"，这也是当下诸多学生、上班族的写照。倘若未练就精练的专业能力，在职场年资越深，就业机率反而越低；假使专业能力鹤立鸡群，压根不必担心就业问题，工作机会会自动找上门。

要如何做到专精呢？

初入职场，切忌眼高手低、好高骛远，唯一要务是强化专业能力，其他皆属次要；若要强化专业能力，就应以成为某特殊领域的专家为目标，未达目标前决不放松、放弃。在学习成为专家的过程中，无论做事态度、学习方法，还是表达方式、与人互动的模式，都应学得彻底，不要只是皮毛就好——半瓶醋是响叮当，但无法晋升为真正的专家。

➤ 先深再博成专家

要成为专家，一定要转变态度，简述如下：

1. 做事态度应从交差了事，转为解决问题。
2. 学习方法应从被动受教，转为主动求教。
3. 表达方式应从被动回答，转为主动建议。
4. 与人互动应从在不如己者前吹嘘，转为向胜己者请教。
5. 学习专业应从肤浅会做，转为深入学通。

如此，专业能力才能从肤浅逐步累积为深厚、精湛；先质变而后量变，精通一项专业后再学习其他专业，将更快得心应手。

不过，就像球员勤练基本动作、勤打练习赛，如果未参与真正的实战，就无法确认实力高低优劣，许多球员貌似虎虎生威，实战时却是自信大于能力、中看不中用。职场人士亦同，唯有通过市场测试、验证，方是真正的专家。

要成为优秀的经理人，专业能力、综合能力需要既深且博，但迈向此一境界前，应先深再博抑或先博再深，而这困扰着许多职业人士。在我看来，唯有先深方能再博，这是步步高升的康庄大道，一旦先博就不容易再深，费时费力也无法持续前进，是葬送无数职场人士宝贵时间的渊薮。所以，在成为经理人之前，专业能力质变应重于量增，深应重于博；不应该花时间学习与专业不相干的事务，或攻读虚有其表的证照或学位。

套用一句俗谚，先深再博旨在让自己的专业能力"一寸宽、一里深"，先博再深则让专业能力"一里宽、一寸深"。从校园刚步入职场的社会新人，若要快速跨越理论与实务的鸿沟，晋升为众人尊重的专家，就得先求深；也唯有往深处钻研，才能超越同样努力的同侪。

先深，方可为自己找到坚实的立足点，引发学通的"连锁反应"，吸引到更多合作伙伴；先博，可能"样样通样样松"，实战时虽令人眼花缭乱却都不堪一击，更形同多面作战，徒然增加诸多对手，颇为不智。

不断钻研某个特殊领域，将资源、时间、精力聚焦于此，专业能力方可达到"一寸宽、一里深"，创意也将源源不绝，让客户无法拒绝、让对手难以抗衡，职场生涯必当更加顺畅，接下来便有余裕锻炼广博的专业能力与综合能力。

➤ 专家依能力可分为三阶段

专家依其能力深浅，可分为初级专家、中级专家与高级专家 3 个阶段。在我担任经理人之前，便相继经历过这 3 个阶段。若能学以致用，学会从理论思维到实际动手，这是初级专家；能上手后，可精准完成工作并指导年轻人，可称为中级专家；若可独当一面，且专业能力卓越超群，并通过市场严苛的测试、验证，便是名副其实的高级专家。

➤ 初级专家：从理论到实际学本事

除了学生时代的打工，我职业生涯的第一份工作是 RCA 的初级工程师。但为了更深入地学习专业，先后转战 3 个部门，学习与半导体相关的电路、系统设计技术；下班后我不仅参加 RCA 的在职培训，更返回母校罗格斯大学选修固态物理学分。

在 RCA 的历练让我从研究生蜕变为初级专家，为职业生涯发展扎下深厚的基础。我建议社会新人不应毫无方向地找工作，而应根据自己的性格、兴趣主动筛选应征的企业；若能跻身仍向上发展、前景看好的企业，更应努力加入主流团队，接触核心业务，增广视野见闻，主动培养具备竞争力的专业能力。

更重要的是，在此阶段，职场人士应发展自主学习、独立思考的能力，并从实务经验中与上司、同事、客户的讨论里，归纳、激发出独有的解决方案，并要求自己快速融入企业文化、胜任交办的业务，努力独立作业，不再依赖上司、同事的帮助。

➤ 中级专家：从实际到专业找定位

之后，为了学习即将成为半导体产业新动力的 MOS 技术，我跳槽到刚成立不久的 Mostek，成为中级工程师。在此，我学会并精通芯片模拟设计（full die simulation）技术，我的专业能力再上层楼，从初级专家成长为中级专家。

赢在
扭转力

在这段时期，职场人士应致力于精研专业知识、技术，养成超越同侪的硬实力；多与企业内最优秀、最顶尖的同事互动，少与爱抱怨、爱斗争的团体往来，并寻找适当机会运用专业，积极参与与市场相关的业务，扩大自己在业界的知名度。

➤ 高级专家：从专业到实业求发展

熟稔 MOS 技术后我转至摩托罗拉半导体部门，学习 DRAM 设计技术；凭借芯片模拟设计技术找出 16K DRAM 无法生产的设计错误，在企业、产业界声名鹊起，并升任高级工程师，更获邀与高层共同设计跨时代的新产品——64K DRAM。至此，我的专业能力已受企业、产业界肯定，脱离中级专家阶段成为高级专家。

若不想停留在中级专家阶段，就不能一味埋头苦干，而要抬头苦干，亦即强化沟通能力，懂得在适当的时机以能打动他人的态度、词汇，营销自己的观念、想法、创意，扩大在产业界的影响力。

➤ 沟通是专业能力的一环

即使专业能力已达高级专家层次，但若表达技巧欠佳，纵使有精辟的观念、想法、创意，依然称不上高级专家。职位越高越要擅长推销观念、想法、创意与产品；想在职场上成功，从专家跨越经理人的窄门，就得让企业采纳建议，而良好的沟通技巧正是最佳的敲门砖。

　　许多职场人士虽专业能力卓越超群，但因骄傲自负、身段高且硬，不肯设身处地为他人着想，与同事、上司、客户及潜在客户等不同的对象对话时，宁可满口专业术语，从头至尾自说自话，也不愿使用对方听得懂的词汇，甚至认为是对方的问题。

　　这些人误以为，只要专业能力无可取代，升迁之路必当畅通无阻；但长久沟通不良，终将失去同事、上司、客户的信任与尊重，职业生涯发展终将停滞不前。

　　无论在哪家企业，员工纵使有再好的建议，但上司、同事、企业主若听不懂，很可能就会被否决，再也没有讨论的机会。因此，务必将沟通技巧视为专业能力不可或缺的一环；而且沟通不只是技术，更是艺术！

找到定位点：职业生涯的突破口

万丈高楼平地起，你的地基稳固吗？

如果你是刚踏入职场的社会新人，在熟悉了公司的结构、生态后，心中会不会产生这样一个疑问：除了当主管的几个人，以及还在原地奋战的，其他陆续的离职者现在人在何方？

只要在职场历练数年，纵使无人回答此问题，答案也大概了然于胸。

在众多离职者中，通常被挖走的仅是少数人，大多数离职者都是在职场中漂流，在不同企业的初级职务中流动，始终与升迁无缘，直到无法再漂流才勉强安定下来，但雄心壮志早已消磨殆尽。

在这些漂流者中，有些是因为见异思迁、好高骛远，有些是想成为人上人却不愿吃苦中苦，而有些则是既认真又努力，专业能力也在同侪中出类拔萃，却迟迟无法出人头地。他们并非遇不到伯乐，而是在于自我定位不明，找不到职业生涯的突破口，以致停滞不前。

我个人认为职场上行之路应先深后博，在精熟一个专业、成为专家后，就应以此专业去学整体的运作，并以此专业为基点，一步步找到自己的定位，然后以此定位开始朝广博的方向发展；此时应积极进行跨部门互动、交流，从合作中学习其他专业，藉此突破职业生涯的瓶颈。

　　第二次世界大战期间，同盟国得以战胜纳粹德国，决定双方胜败的关键战役当属诺曼底战役。1944 年 6 月 6 日，以美国、英国、加拿大军队为主体的盟军，300 多万人从英格兰南部出击，海、空两路并进横渡英吉利海峡，抢滩法国诺曼底为人类历史上规模最大的登陆作战，其中最惨烈的战役是在奥马哈海滩（Omaha Beach），盟军遭遇德军顽强抵抗、死伤惨重。但终于一举成功，打破了希特勒的铜墙铁壁。

　　诺曼底战役犹如同盟国在欧洲战场的"定位战"，而奥马哈海滩成为盟军的"定位点"，由此盟军方可长驱直入西欧，迫使纳粹军队节节败退，就此扭转战局。诺曼底战役后不到一年，德国即宣告无条件投降。

➢ 如何找到定位点

　　从中级工程师到高级工程师，正是我寻找职场定位的时期。为了学习最新的 MOS 技术，我从美国新泽西州迁居德州达拉斯，从 RCA 转入 Mostek 负责电路设计。在 Mostek 时，参与设计领先全球同业的 8Kx8 NAND ROM 电路设计；当时的上司对我影响甚为深远，他带领我一窥电路设计之奥秘，我更主动争取独立操作"芯片仿真设计"技术。用学会的芯片仿真设计开始通盘了解如何整体运作后，我就积极与其他部门交流，深入了解不同部门的立场与关注点，同时学到更多跨部门的专业知识，从此更厚植人脉，奠定担任经理人的基础。因此学会芯片仿真设计技术就成为我职业生涯的定位点。

在跨部门的互动中，若不熟谙沟通技巧，直接询问其他部门同事对产品设计的意见，因非从其立场、关注点出发，轻则遭冷嘲热讽，重则吃闭门羹，甚至让彼此关系更加僵化，有时还不如闭口不问。

所以，与测试部门同事沟通时，我的问题是"产品应如何设计，才能顺利通过测试""产品应如何设计正确的测试点""产品应如何增加测试点"，对方如获知音，专业知识和真实意见均倾囊相授。

与生产部门同事沟通时，我则询问"产品应如何设计，生产线既不必增添新设备，又能增产上量、降低成本"。

与品管部门同事沟通时，我的问题则是"产品应如何设计，既可达到最高质量，流程又不至于太繁复"。

与市场部门同事沟通时，我则询问"产品应如何设计，才能激起目标客户的购买欲望，既超越其他竞争对手，又保有合理的利润"。

经过与其他部门频繁又密切的互动，我深刻体会到，一位优秀的设计工程师，应在设计产品的初期便顾及其他部门的立场、关切点，从中找到平衡点；若一味师心自用，只顾着埋头设计产品，等到其他部门有所异议时，势必纠纷、冲突不断，不仅有损企业内部团结，更将延宕产品推出的进程。

➤ 从定位点朝目标前进

在进入职场初期，应先深入钻研某特殊领域的专业，等到专业能力达到中级专家、高级专家的水平，虽仍应继续强化专业能力，并继续操练独立思考，亦应腾出部分时间和精力，学习其他部门的专业，让自己的视野、能力更为广博，将更有机会跨越经理人的门槛。

那么，职场人士如何寻找职业生涯的自我定位呢？根据我的经验，可在所服务的企业内，申请转调至自己感兴趣、可发挥所长的部门，方可不断深化专业能力。因为一直待在已索然无味的部门，纵使百般努力，依旧会茫然无所适从。

在选择部门前，应先深入了解各个部门的特性，千万不可勉强。大多数电子、通信企业的组织建制可分为三大部门，依次为设计、市场、金融部门，而我选择了设计部门，也在其中找到了自己的定位点。

设计部门的主力业务为产品设计，要求员工精细、重纪律，但唯有兼具美感、艺术涵养者，方能出类拔萃。市场部门的主力业务为销售，一切以业务为导向，但营销不可一成不变，必须因时因地制宜，不仅得有过人的想象力，构思出具体、可行的方案，并须坚毅卓绝地彻底执行。至于金融部门，主力业务为财务。财务要求数字精确，要求员工规行矩步，不可有丝毫错误、疏漏。

而在精研某特殊领域的专业后，应尽速独力完成一项与市场相关、且对企业有巨大贡献的业务，藉此建立个人在企业、产业界的声誉，扩大知名度和影响力，并以此平台结合更多人力、资源完成更大规模、更高层次的业务，如此方能完成在职场上的定位。

在寻找定位的过程中，唯有与其他部门的优秀同事多交流互动，向他们学习其他专业与经验，并藉与他们并肩作战，才能深入认识产品从构思、设计到营销、利润测算等整体流程，并获得众部门的信赖，让专业能由深至博；而且必须是在市场上获得成功后，才算真的找到自己在职场上的定位点。确认定位后，职业生涯必将就此迈向康庄大道，朝中、长期目标快速突进。

做好产品，是一生的追求

好的产品能与人共舞，是有生命的。

纵使具备专业能力，并且找到职场定位，但若缺乏清晰的"产品观念"，最终仍将功亏一篑。因为，产品观念是指员工熟稔所服务企业、部门的产品，并时时念兹在兹，不可有片刻相忘；看似轻而易举，实则知易行难。

产品问世的目的不外乎满足人类四大需求，即身体的需求、情感的需求、知识的需求与信仰的需求。每一家企业皆有产品，有些生产终端产品，有些专攻中游零组件，有些买卖上游原物料，有些则提供咨询、顾问、运输、联系等服务；产品乃企业的生命线，掌握着企业的命脉。

依照产品的特性，可将企业分为两大类，即产品型企业与服务型企业。产品型企业指研发、生产、销售实体产品的企业，如英特尔、微软、苹果等；服务型企业，如电信公司、网络公司与航空公司等，其产品为整合产品型企业的产品，加上自己的专长使其成为不同形态的服务。

➢ 成功者的共通点

在 20 世纪之前，人类文明史约可分为史前时代、农业时代、工业时代，每一新阶段的出现皆有赖于新工具、新武器的发明；新工具、新武器就是产品，深远地影响着人类政治、经济、科技、文化的走向。

在计算机与各类通信产品发明后，人类文明从工业时代步入了"信息时代"；而在可见的将来，人脑网、人工智能已拉开意识革命的序幕，将带领人类迈向新的文明阶段，即"人智时代"（mind civilization）。

在史前时代，人类为生存而战，发明的工具为石器、铜铁器等，最重要的资产为"智力"；在农业时代，人类努力求温饱，发明的工具为耕具，同时驯服家畜、家禽，最重要的资产是"土地"；在工业时代，人类进一步求富足，发明的工具为引擎，并架构"实体公路"，最重要的资产是"资金"，并启动了市场化；到了信息时代，人类积极追求知识，发明的工具为计算机、通信设备，并建立"信息高速公路"，最重要的资产是"知识"，人类进入全球化；进入人智时代后，人脑亦将数字化，人类要懂得处虚拟并构建"人脑公路"，人类最重要的资产则是"良知"。

总结数十年的职场经验，我发现诸多成功者职业生涯的共通点，皆是先进入产业中领导潮流的企业，并跻身其主力部门，紧盯产业可能的最新趋势、竞争态势，淬炼过人的产品观念，并深刻认知到唯有提升产品质量，才能强化企业竞争力，致力于打造业界最高质量的产品。

　　近年来，随着时代结构、企业的改变，客户、产品皆须重新定义。在今天，客户的需求不再只是下订单、买产品，更需有人为他解决问题；而产品的范畴也更为宽广，包括为客户的问题提出解决方案。

　　因此，目标客户（target customer）约可分为如下三大类：

　　　　1. 有瓶颈问题者。

　　　　2. 对产品情有独钟，愿意倾全力引荐其他使用者。

　　　　3. 潜能深受产品激发，且荣辱与共、不离不弃者。

　　"领先产品"（leading product）的定义则可改写为，精确预测客户持久性、关键性、常态性的瓶颈问题，并提供解决方案；甚全在客户警觉瓶颈问题存在时，已领先其他竞争者预先准备好解决方案，彼此间建立起战略伙伴关系，不断带领客户前进。最成功的领先产品，当是一系列、可组合的产品，可在不同阶段，提供给目标客户犹如及时雨的解决方案。

　　"产品价格"决定于其为客户提供的价值，非领先性产品因有竞争者，其价格由市场决定，如航空公司的机票价格；领先性产品因无竞争者，生产此产品的企业垄断市场，价格由自己决定，如苹果公司的iPhone，大多数客户只能乖乖买单。

➤ 超越用户期待的产品

一家企业若拥有越多领先产品，便能吸引越多目标客户，业绩、规模便可蒸蒸日上；而每个领先产品必定具备超越竞争对手的独步绝活。独步绝活不仅源自于技术创新、设计创新，更蕴含着对客户的深刻认识、了解，与体贴入微的用心。

若说一般产品是满足人类的需求，领先性产品则是超越用户的期待。例如，手机内置相机等摄影相关零组件与软件后，用户可随时随地照相、摄影，不必再添购昂贵、笨重的器材，许多人更因此激发潜能，拍摄水平直逼专业人士。

更重要的是，领先性产品总能自我突破、带领时代潮流，不被时代潮流所淘汰。例如英特尔的 Pentium 处理器、苹果的 iPhone 手机、微软的 Windows 软件，皆不断推陈出新，下一代产品功能皆比上一代产品更强大，而能自我取代延续产品的生命，迄今仍让同业等不到追赶的机会。

若无创新，便无领先性产品。无论原创型创新抑或微创型创新，都可能创造划时代的产品；企业、职业人士不必强求原创，因为微创的威力有时还强过原创。

原创是从无到有、从零到一，多为科技理论、技术的创新，例如英特尔研发微处理器、微软研发文字处理软件，皆为原创型的创新。

微创则为从有到优，是从一到二、三、四到 N，如商业模式的创新。租车公司、航空公司、电信公司、网络公司所推出的新服务，皆属商业模式创新，是为微创。

苹果堪称全球最精通微创的企业，无线通信、网络、手机、笔记本电脑、平板电脑皆非其原创，但苹果产品能完美结合这些并成为用户不可或缺的工具而后来居上，市场占有率跃居全球首位。其推出的iStore、iTunes、iPhone 更实现了云端落地的新纪元。

➤ 工作是为企业解决问题

进一步延伸探讨职场人士的工作心态，无论任何职缺都可以说是为企业解决产品问题；举凡产品研发、产品设计、产品生产、产品品管、产品营销、售后服务，皆是解决产品问题不可或缺的一环。生产好的产品，正是职场人士终其职业生涯的使命。

东方企业与西方企业差异颇多，面试风格亦大不相同。西方企业参与面试的主管，常会问求职者："你可知道本公司现正面临哪些问题？""你进入公司后可协助解决哪些问题？"能为企业解决问题的求职者将立刻获得重用。

唯有加入企业与主力产品相关的团队，才能接触到核心业务，学习到核心专长，对企业、产业有整体认识，并吸收较全面的知识、讯息，才能在职场上出人头地！我的职业生涯历经工程师、经理人、总经理、总裁、创业家、社会贡献者等阶段，在每一个阶段竭力做好"设计"（design）、"塑造"（bulid）、"学习"（learn）3 件事，这3 件事与产品皆有直接或间接关系。

即使你的职责不是销售，也要懂销售

真正的销售，从客户拒绝买你的产品时开始；真正的
说服，从别人抗拒你的想法时开始。

在职场上，销售职位的门槛较低，只要肯兢兢业业，若非遭遇产
业荒年，其平均收入皆超过多数职位，更是晋升中、高级主管的较好
管道。然而，多数社会新人、跳槽者却视销售业务如畏途，宁可从事
其他低薪的职位，甚至赋闲在家，也不愿尝试销售业务。

其实，无论任何企业，职位越高，与销售业务的关联便越密切，
即使是非业务单位。哪怕能做出好产品，却不谙营销，升迁之路仍很
狭窄，职业生涯的天花板也将很低；营销不限于销售产品、服务，亦
包括说服他人接受自己的观念、想法和创意。

说服力、影响力越强，在企业中的重要性越大，升迁机率便越高。
毕竟，产品质量再好，亦非毫无缺点，若要在市场上超越竞争者，就
得依赖强力、合宜、吸引消费者的营销策略。苹果产品称霸全球手机、
平板电脑市场，其密集的营销网络、独树一帜的营销策略，功不可没。
乔布斯生前主持的苹果产品发表会，更被誉为营销的典范。

➤ 大多数企业的最大难题

据统计，"不知如何营销产品"是困扰超过60%的企业的最大难题。在中国，诸多"海归派"创业失败，失败的主因并非产品质量欠佳，而在于忽视营销或完全不懂营销；且产品在市场失利时，不是检讨商业模式、营销策略，反倒是接二连三地推出新产品，结果让公司陷入更深的泥淖，无法自拔。

下面是一则发人省思的故事。有两位兜售报纸的报童，因其营销策略迥异，结果亦天差地远。

有位报童沿街叫卖报纸，一天下来仅能卖出几份报纸；10年之后，他的工作时间越来越长但收入却越来越少，生活困苦。因为，马路上的每一位行人虽然都是潜在客户，但却鲜少是忠实客户，多数客户只买一次就不再光顾，销售成绩高低得视当天的运气好坏而定。

另一个报童从不沿街叫卖，只到人群聚集的公园，寻找几个人们固定下棋、运动的地点，他先将报纸送给下棋、运动的人群，并爽朗地说："报纸可先看，一会儿我再来收钱。"久而久之，在这几个地点，他的忠实客户越来越多，而且互动越来越密切，不久后他销售的商品不再仅限于报纸，品种逐渐增加。10年后，他已是一家公司的负责人，聘请多位员工，过着幸福、富裕的日子。

发掘一位新客户的成本约为维持老客户的5倍。两个报童起初贩卖相同的商品，前者认定所有行人都是潜在客户，但与客户皆萍水相逢，无法建立信赖关系；后者却主攻目标客户，再让目标客户晋级为忠实客户，随着忠实客户引荐新的目标客户，收入亦跟着水涨船高，工作时间虽较短，业绩却远远超过前者。

➤ 建立专家地位，客户自动上门

绝大多数企业主、高级主管，最烦忧的营运环节亦是营销。他们最常遭遇的难题约有下列6点：

1. 公司产品销售成绩不佳。

2. 选择大客户，可能遭大幅削价，利润微薄；选择小客户，则担忧收不到货款，血本无归。

3. 营销团队业绩乏善可陈，却不断要求增加人力、资源、预算，要求降价促销。

4. 即使再怎么努力，依然无法提升销售成绩，营销仍是无法跨越的关卡。

5. 昔日的营销策略不再奏效，却又想不出新鲜而有效的策略，且屡战屡败。

6. 产品维持原价几无利润，降价又必定亏损，但涨价又怕流失客户。

　　成功的营销策略多以专业取胜，职场人士若想在业界树立专家级的地位与信誉，营销早已不仅仅是兜售产品，而是为客户解决问题，协助客户迈向成功，让客户洞悉自身的优、缺点，与竞争对手的竞合态势，认清短、中、长期的需求，而为客户创造价值。因此，无须拜托、纠缠客户，客户便会自动上门；工作时，更是充满荣誉感与成就感。

　　除了与客户的采购部门密切互动，更应将触角伸向研发、设计、管理部门，建立更多元、更深广的关系，以影响客户的关键决策者；永不放弃说服原本拒绝的客户，而在客户下单、付款后，依然维持高度的服务热忱，绝不可售后不理。

　　仰仗旁门左道的人际关系营销策略，或许几次管用，但却短多长空，无法持久。

　　如果与客户采购部门的合作关系浅薄，且与其他部门几无互动，一旦竞争者发动价格战，合作关系顿时动摇；即使私下送再多礼给采购部门，依然无法动摇关键决策者的意志。

　　企业的高级主管，如总经理，应定期亲自拜访客户的决策者，并进行简报。在简报中，称职的高级主管应为客户的关键决策者分析市场生态、动态，陈述彼此短、中、长期合作的可能性。当与客户的决策者对谈时，内容应以策略为主体，尽量不涉及订单、产品价格等细节。

➤ 新 4P 增加客户黏着度

如何增加目标客户的黏着度（stickiness）呢？昔日的企管书籍提倡的 4P，即产品（product）、价格（price）、通路（place）、促销（promotion），主张唯有兼顾四者方能强化客户的忠诚度。

但我认为，XQ 时代，老 4P 已无法适应今天的产业结构和生态，应改为新 4P，即一般产品（product）、解决方案（problem solution）、优化流程（process）、战略同盟（partnership）。其理念如下：

一是纵使产品质量精良，也只能满足客户短期、局部的需求，在厮杀激烈、新品接二连三推出的产业形势中，竞争优势不超过半年。

二是为客户问题提供量身定制的完整解决方案，可保持半年至一年的竞争优势。

三是优化流程可与客户内部流程接轨而降低成本、提升效率，竞争优势可拉长一到两年。

四是若与客户的关系晋升为战略伙伴，可帮助客户去影响他的客户并获得新客户，竞争优势将超过两年。

虽然在我的职业生涯中从未专事业务职位，但进入职场后不久便深深体会到说服力、影响力的重要性。当我晋升高级主管时，很快就能辨识营销人员称职与否，并特别尊敬称职的营销人员。

在担任摩托罗拉手机部亚洲总裁时，有一次与一位中国东北的经销商晤谈。此前营销经理已告诉我，这位经销商神色郁郁、眼皮沉重，看似已失眠好久了，必定是遭遇到了巨大难题。询问之下，经销商大吐苦水，直言因诸多手机厂商低价促销，利润直线下滑，希望我给他东北各省份的独家经销权。

当然，独家经销权厚此薄彼，断不可行。这位称职的营销经理心念一转，提醒可授予他兼营摩托罗拉手机维修业务，如此便可弥补手机销售薄利的影响。经销商知道后大喜过望，欣然应允。这不但解决了这位经销商的瓶颈问题，更进一步深化了其与摩托罗拉的合作关系。

一个称职的营销人员，对客户言行举止的观察无不细致入微，并见微知著。而不称职的营销人员则是争功诿过，借口层出不穷，"竞争对手的营销策略，我早就想过了""已发简报，但客户毫无反应"等，诸如此类。

➤ 强化说服力的四大元素

无论是营销产品、观念、想法还是创意，对话、简报、会议堪称成败的关键。若要获得客户认同、强化说服力，下列四大元素在对话、简报、会议时，皆不可或缺。

一是共鸣。以个人经历为例，让客户感同身受、认同内容，可与客户心心相印。

二是新奇。内容不可八股，毫无新意，唯有创意可让客户聚精会神、深受启发，与其脑对脑。

三是易记。当谈到细节时应触类旁通，且与内容主轴环环相扣，让客户易懂易记。

四是故事。动人的故事可强化认同者的支持，甚至让反对者改变。

乔丹不仅是篮球场上的至尊，更是运动产品的最佳代言人。他为耐克（Nike）拍摄的广告片《失败》，堪称营销经典，上述的四大要素在其中展现无疑。

在《失败》中，乔丹感性地自述了下面的内容：

> 在我的职业生涯，投篮不中超过 9000 次，输掉的球赛逾 300 场；我获得教练信任，负责执行逆转的最后一投，但我失手了 26 次。在我的人生中，我一而再、再而三地失败。因此，我才能成功！

强化影响力的重点在于先厘清自身的观念，将支离破碎的细节统合为完整、契合逻辑的方案，并尝试新的想法、创意，以求激励自己和他人。例如，若要海盗水手加速打造船只，告诉他们"为什么"及"如何"去做，通常无效，唯一管用的方式是告诉他们，出航后可寻获大批无主的宝藏，这样即可激励他们自愿去做。

美国虽仍有种族冲突，但相比数十年前的剑拔弩张，现今已和缓许多，其功当归于马丁·路德·金（Martin Luther King, Jr.）带领的民权运动。他极具说服力、渲染力，他最知名的演讲《我有一个梦想》（*I have a dream*），不仅号召数以万计的非裔族群参与，也感动诸多欧裔族群挺身支持，终于推倒种族隔离的藩篱，堪称改变反对者思维的极致展现。

解决冲突与谈判：如何达成共识

谈判是一门艺术，在化敌为友的过程中消灭了敌人。

东方社会强调与人为善，崇尚"忍一时风平浪静，退一步海阔天空"的哲学，但一味躲避冲突，有时反而容易让人得寸进尺，难求风平浪静、海阔天空。所以，无论在生活还是职场，解决冲突的最佳方式，并非一再退让或硬碰硬，而是借着沟通与谈判来处理。

在职场上，与他人冲突、意见相左是稀松平常的事，不必心烦气躁或自认倒霉。冲突并不一定是坏事，需要看谈判结果如何。透过冲突、谈判，不仅可让真相越辩越明，亦可让冲突的双方有机会诚实以待，吐露内心真实的声音，进而达成共识。

➤ 建设性地处理冲突

冲突本身是中性的，谈判的结果要么是"消弭冲突"，要么是"两败俱伤"。因此，个人与企业都应学习以正面、建设性的谈判方式来处理冲突，而不是非要分出胜负不可。

每位经理人几乎都得参与大大小小的谈判，倘若不谙谈判技巧，纵使有傲人的专业和综合能力，领导力势必也因谈判能力而有了阴影。正面的谈判是指彼此反复沟通、协调，努力捍卫共同利益，并尝试达成共识。职场人士无须闻谈判而色变，因为每个人都得与他人沟通，并非所有的谈判都剑拔弩张、针锋相对，也可能结果是如沐春风、冰释前嫌，且有相谈恨晚之感。

在学习谈判技巧前，可先回顾在工作岗位上需要和哪些人沟通，得花多少时间沟通，与谁相谈甚欢，与谁话不投机；并整理出重要的几个决定，有哪些是自己完全可以决定的，哪些决定必须与他人商议、共谋，在商议共谋的谈判过程中，是否曾因利益分配不均导致双方关系紧张，因而产生长期负面的影响。

很少有一项决策或合约诞生前，毫无胎动、阵痛。解决争议的最佳方式当是坦诚沟通，其他私下举措皆不宜。谈判不仅是决策、订定合约的必经流程，更是强化领导力的必修课程。在企业组织日益扁平化的今天，跨部门、跨企业的沟通与谈判越发频繁，几乎没有任何职场人士逃得过。

美国南北战争时期，领导北方的总统林肯有一次在白宫发表演讲，以同情的口吻提到南方，一位听众起身问道："总统先生，你为何还为敌人说好话？你应该想的是如何消灭他们。"林肯略微停顿，回复道："女士，将敌人变成朋友时，就已经消灭了他们！"

检视我职业生涯经历过的诸多谈判，发现在谈判过程中最大的障碍常常是自己。在谈判不顺利或处于劣势时，若无法妥善管理情绪，很可能被暴涨的情绪阻断理性思考，甚至语出不逊，轻则让局势更加紊乱、徒增谈判的难度，重则令谈判破裂。

一言可兴邦，一言亦可丧邦。在谈判时应更加谨言慎行，目标应如林肯所言："将敌人变成朋友。"XQ较低者常因愤怒、懊恼、恐惧而不假思索地口不择言，造成无可挽回的遗憾。因此，当负面情绪快速涌现时，建议借故暂离现场缓和一下心情和压力，如无法脱身，也应适时将精神及思绪转至其他事情上，让情绪降温。

同理，收到一封令人不愉快的电子邮件，不应在盛怒当头马上回信，纵使已将回信写好也该先存入草稿箱；待与同事闲聊或散步一会儿之后，再审视及修改回信。

➤ 谈判时可应用的四大技巧

如何锻炼谈判技巧呢？归纳谈判技巧，不外下列四点：

一是将人与事分离。对人温和、对事严谨，但谈判时应专注于人，因为主谈者是人。

二是突破预设立场，直指利益。与其将时间浪费在细枝末节上，不如专注在彼此共同的利益上，探索双方的潜在需求。

三是利益导向，创意方案。提出具有创意的解决方案，兼顾双方的利益和需求。

四是过程公平、公正、公开。以坦然无私的态度，解决最棘手的环节，避免枝节横生。

许多人在谈判时，最常犯的错误，莫过于对人对事都温和，或对人对事都严谨，无法掌握人事分离的分寸。若谈判对象是朋友、重要客户，顾忌彼此的交情关系，便是对人对事皆温和，最后总因人情压力而无奈妥协，未蒙谈判之利，反受其害。

若与谈判对象无公交私谊，或对谈判之事颇为看重，便容易对人对事都严谨。于是，常因态度过于强硬无回旋余地，导致谈判陷于僵局，付出大量的时间成本。其实，越至关紧要的谈判，更需对人温和，方能让结局顺利圆满。

一个成功的谈判者，可在自己脑海中划定一条清晰的界线，将人事明确分离。对人温和旨在确保对人的尊重，对事严谨目的是不误事；关键在专心倾听，并设身处地地为对方着想，并试图影响、改变对方的想法。如此，才可将谈判的双方，从面对面冲突转化为肩并肩作战，共同克服障碍与困难。

假使双方皆预设立场，眼中只有自身的利益，不断要求对方让步牺牲；倘若自始至终双方的态度皆强硬，最理想的结果能达到原先期望值的一半就不错了，最糟的谈判结果则是合作未成反添仇家，还不如不谈。

缩短谈判时间别无捷径，重点在于挖掘出双方隐藏在预设立场后的利益需求。当谈判陷入僵局，双方都应突破预设立场，直指利益，不再私下盘算揣度，转而公开协商，才有机会相互妥协达成双赢。

➤ 谈判前先尝试将饼做大

在担任摩托罗拉技术副总裁时，我曾促成摩托罗拉与一家日本企业进行技术合作。摩托罗拉授权日本企业部分半导体设计专利，日本企业则授权摩托罗拉半导体制程技术。虽然两家公司高层皆已同意技术合作，但合约谈判过程却是一波三折、跌宕起伏。

最大的阻力在于日本企业的技术总监不甘多年心血外流，故百般阻挠处处为难。即便如此，我仍谨守将人与事分离原则。在一次一对一的对话中，我语气诚挚地告诉技术总监，他的不甘心我感同身受，因为摩托罗拉的资深设计经理小满怀怨怼。我如此同理心地认同他的处境，让技术总监终于释怀，转而鼎力相助。

不过，日本企业却坚持不让摩托罗拉派员进入生产线，而摩托罗拉为了保护企业机密，亦拒绝日本企业代表接触设计工具。双方为此立场僵持不下互不退让，使谈判围绕着细节打转，几无实质进展。

经过几番沟通，双方皆深刻地认识到，若不将底线向后撤，势必事事对立，但合则两利，离则两伤，唯有突破预设立场，直指利益，技术合作才能不至于沦为空谈。最后，双方构思出颇富创意的解决方案，彼此皆列出需求清单，依其重要性按顺序排列，并估算其价值。

以清单为最终谈判基石，彼此同意等值交换，并在双方的清单上划条线，线之前的项目彼此交换授权，线之后的项目就此闭口不谈；且双方自行承担派员学习技术的相关开销，并支付对方指导人员的费用。达成共识后由律师起草契约，并经双方高层签字，谈判方才告一段落。

在思考解决方案时，双方应将共同利益视作一块饼干，谈判时别急着瓜分，先尝试凭借各自能力的提升"将饼做大"，至于最终各自在市场上得到的实际价值，则以公正、公平、公开的原则自由竞争，并将潜伏的争议降至最低。

只是，谈判既是脑力战亦是心理战，不可有丝毫松懈；否则失之毫厘，差之千里。与日本企业开会时，其代表从来不先开口，发言时惜字如金；但摩托罗拉代表多是美国人，习惯开门见山，将要求、条件等和盘托出，日本企业代表却总笑而不答。其实，他们早已进行好几回合的沙盘演练，缄默战术只为套出更多讯息。

日本企业代表个个精通英文，双方会议全程皆以英文对话，开会中摩托罗拉代表之间的讨论日本企业代表无不听在耳里；但日本企业代表之间的对话却一律使用日文，摩托罗拉代表对内容毫无所悉。

若会议地点在日本，在会议之前日本企业代表总先询问摩托罗拉代表返美日程。在会议前几日，日本企业代表几乎只听不说；随着摩托罗拉代表归乡之日逼近，日本企业代表深知其不愿空手而回，态度转趋积极而强硬，施压摩托罗拉代表接受较为不利的条件。

➤ 签约了，但谈判尚未结束

当我察觉日本企业的谈判策略后，在摩托罗拉代表中特别安插一位娴熟日文的美国人，并严禁所有代表先行发言，只能回答对方的问题。若会议在日本举办，暂不订回程机票。摩托罗拉同事采用缄默战术迫使日本企业代表先开口，中途休息时，懂日语的同事再转述日本企业代表的对话，获得诸多宝贵的信息。

几经折冲，双方终于签约。但我特别提醒，谈判是否成功，不能单看双方所签订的合约及协议，更要检视执行的具体成效；在执行过程中一样得小心翼翼、战战兢兢，精细地查验每个细节。

当摩托罗拉、日本企业相互派员进行技术交流后，有一天，我直到深夜才离开办公室，回家途中经过一间灯火通明的会议室，且不时传出日文对话。开门一看，发现日本企业派遣至摩托罗拉的工程师、经理人，利用晚上相互交流，学习白天所学到的知识、技术，并将其汇编成册。

反观摩托罗拉派至日本企业的工程师、经理人，不仅学习态度懒散消极，更各自为政；日本企业还安排诸多旅游行程，令他们心有旁骛。此后，我规定前往日本企业进行技术交流的摩托罗拉员工，返回美国时务必带回指南性的技术报告，汇报前应彼此进行归纳、整合，情况才有所改善。

在我的职业生涯中，另一次重要谈判为担任摩托罗拉手机部亚洲总裁时，与中国邮电部谈判合资公司的股权比例。邮电部强势表态，要求取得合资公司 51% 的股权，但摩托罗拉成立合资公司的既定政策亦是掌握控股权，从无例外。双方主张相抵触，遂展开谈判。

成立合资公司，中国邮电部旨在取得摩托罗拉的手机技术，摩托罗拉的初衷则是进军中国市场。因此，在谈判胶着时我提出摩托罗拉允许合资公司成立研发部门，将摩托罗拉交到合资公司的原创产品，进行有中国电信市场特色的微创；且在市场上，摩托罗拉与合资公司自由、公平竞争。此提议满足了中国邮电部能自主研发之期望，于是同意各自让步，摩托罗拉顺利拿下控股权。

谈判最理想的结果应是双赢，而非一方大占便宜，另一方却严重失血。在谈判前，更得试想谈判一旦破局，或部分事项相互对抗、毫无交集时，是否有其他替代方案。备妥替代方案后，谈判时便无后顾之忧、不必委曲求全。毕竟，谈判若委曲求全，最后恐将有求全之毁，破裂反倒是脱险之道。

如何不被机器人取代

机器人工作效率惊人，天天都可连续工作24小时，不必聊天、休息，也无需酬劳；它们不会受伤，不用保险、分红，也不会抗争。然而，机器人会"吃东西"，能吃掉许多人的工作。

对许多制造业的企业主而言，使用机器人生产产品的无人工厂，是最终极的梦想。虽然早在60多年前，美国福特汽车便已在克里夫兰市打造全自动生产的工厂，但由于机器人的精密度尚待提升，迟迟未能普及。

在此特别澄清，并非人形的全自动机械设备方可称为机器人。机器人的狭义定义，是指可模拟人类动作的机电装置，如机器手、工具机等；若推而广之，任何使用人工智能的机电装置，如计算机、监视器等，都可视为某种形态的机器人。

近年来，由于机电整合技术大幅跃进，加上世界各国工资飞涨，尤其是新兴国家的工资涨幅更是惊人，越来越多的制造业采用自动生产设备。在可见的未来，机器人势必将取代劳工，成为制造业的主力，会带来严重的失业问题。

➤ 后信息时代已经到来

已有若干国际大厂着手研发全自动驾驶车辆、快递专用的小型无人机；倘若各国相关法令开放，势必全面冲击运输业、物流业的就业市场。甚至已有餐厅等服务业，采用全自动点餐系统，根本无需服务生；可想而知，服务业的人力需求日后也将锐减。

之前曾提到，人类历史约可分为史前时代、农业时代、工业时代、信息时代等阶段，前进的速度越来越快。但在我看来，信息时代也已结束，人类历史已正式进入后信息时代。信息时代约始于1965年，信息产品成为全球经济的火车头并带出全球化，此时计算机与通信（computer & communication）科技产品已日益普及；到了2010年，已由后信息时代取而代之。

数十年来，全球信息科技（information technology）技术呈指数成长，可用下列3个定律涵盖、说明：

一是摩尔定律（Moore's Law）。芯片数据处理速度（speed），每隔18个月皆倍增成长。

二是吉尔德定律（Gilder's Law）。整体通信系统的带宽（bandwidth），每12个月增加3倍。

三是梅特卡夫定律（Metcalfe Law）。网络的价值与连接到网络点（nodes）数目的平方成正比，意谓用户越多，其价值呈指数成长。

因此，根据摩尔定律、吉尔德定律，硬件组件的计算速度、传播速度，15年约成长1000倍，45年约成长10亿倍。然而，信息装置的体积、成本却大幅缩减，成为诸多新科技的推动者。

当下，一台智能型手机的计算速度，约与麻省理工学院40年前建造的超级计算机相当，不仅体积小得多，成本更远为低廉。拜信息科技硬件技术飞速跃进之赐，软件技术也随之日新月异，许多昔日难以数字化或成本居高不下的事物，皆已成功数字化，得以快速被计算、复制、储存与传输。

除了信息产业，其他产业如金融业、服务业、娱乐业、运输业，皆已广泛运用信息科技。不过，信息科技产品的主流趋势，在积层制造(3D打印)技术日趋成熟后，势必将从大量制造步入大量客制化生产。

在信息科技硬件、软件技术双双成熟后，其系统应用则日益深广。近年来，在应用程序（APP）、物联网、大数据、人工智能、纳米等信息科技的推动下，原本进步缓慢的生物科技、生态科技、能源系统、太空科技、军事技术也开始不断突破，不但创造巨大的商机，更彻底改变全球的产业和社会结构，加快全球化、扩大贫富差距，越来越多人过着由机器所主导的生活。

➤ 发挥你的右脑

在后信息时代，几乎所有产业都可视为信息科技产业的一环，其产业结构由下到上约可分为3层，分别简述如下：

一是信息科技跃进。以硬件为核心，以成本为导向。

二是持续扩大数字化范畴。以软件为核心，依然以成本为导向。

三是系统创新。以应用为核心，以创意为导向。

信息科技是全球化加速的最大动力，全球化导致诸多产业进行全球水平分工。信息科技产业为了压低生产成本，软件、硬件的生产基地先从欧美国家移至中国台湾、中国香港、韩国、新加坡，再移往中国大陆；近几年又迁至东南亚国家。最终，在机器人的精密度超越劳工后，信息科技产业势必走向无人工厂，节省可观的人力成本。

信息科技产业的软件、硬件在摩尔定律及吉尔德定律的持续引领下，虽仍呈指数成长，但因技术相对成熟，从业人员亦众，产业结构日趋稳定。企业之间的主战场在于如何透过压低成本以增加获利率；大量采用机器人后，将导致若干中、初级职位消失，就业市场持续供过于求，贫富差距越来越惊人，中产阶级人数逐年递减，失业人口居高不下。

在 XQ 时代，与信息科技产业的软件、硬件从业人员相比，懂得创新、发明的人很少，其财富累积速度史所未见。如 Google，不断收购多家新创公司，收购价格皆为天价；部分公司员工仅有十多人，成立亦仅半年多，被购并后股东立即由麻雀变凤凰，成为人人艳羡的亿万富翁。

因此，年轻人必须做好种种准备，才能在后信息时代中立足。今天，失业者找到新工作的平均时间已逐年拉长；失业时间一久，许多人便完全丧失斗志，自暴自弃、随波逐流，就此永久失业。

网络发明之后，对人类的影响越来越深远。随着桌面计算机、笔记本电脑、智能型手机、穿戴型装置相继问世后，由机器引入的互联

网将从桌上、背包、双手、身体，最终将有若干互联网电子装置植入
人类身体内；从某个角度观之，人类也将变成机器人。

人工智能、机器人对就业市场的影响，已逐渐显现。例如，诸多
金融业务已开放客户在网络上操作，包括转账、定存、买卖股票等，
导致金融产业柜台人员逐年递减。可以确定的是，被网络、机器人取
代的工作机会，人类再也无法夺回。

那么，哪些工作容易被人工智能、机器人所取代呢？举凡常规化、
系统化与逻辑化等线性思考的工作，其业务都可被数字化，将一一被
网络、机器人攻占。例如技术员、会计师、行政人员、程序设计师等，
皆前景堪忧。

别以为软件程序一定得由人设计，越来越多的软件程序由软件程
序写出。也别以为后信息时代到来后，仅有中、初级职位或蓝领工作
才会遭人工智能、机器人威胁；当今期货交易、媒体合作，早已交由
软件程序执行，其速度与效率，无人可望其项背。

相对的，难以常规化、系统化、逻辑化的工作，因采用非线性思
考，必须不断创新、发明或持续与人互动，包括各领域的设计师、心
理咨询师、人文艺术工作者，与管理人的中、高级主管等，不懂创新、
不谙情感的机器人尚不具威胁。因人类情感复杂多变，此类工作难以
数字化，未来最值得投入。

也就是说，在后信息时代，若想不被机器人取代，就不能完全依
赖左脑思考，而应学会左、右脑交替思考。因为左脑是知识脑，多为
线性、收敛式思考，习惯顺应趋势、安于现状、专注当下，较为理性、

冷静；这正是机器人运作的模式，纵使最聪明的人类，其思考速度亦远不及机器人。

但右脑则是创新脑，思考模式为非线性、离散式，注重想象、直觉，且充满热情，愿意脱离现状、逆趋势而行；当下最先进的机器人依然无法创新，更不知热情为何物。在后信息时代，人类应发挥自身特有的灵性，取长补短，争取无法取代的优势和发展机会。

➤ 如何成为变局中的赢家

机器人时代的到来，已是不可逆的时代趋势。绝大部分的劳力工作与使用左脑的工作，都将逐渐为机器人所取代。只是，不必过度杞人忧天，虽然有大量的工作机会消失，却会涌现许多新的工作机会。这些工作机会皆仰赖右脑的创新、创意，在可见的未来尚不受机器人狂潮影响，最值得青年一代投身。

其实，机器抢夺人类工作机会，并非自今日起。在1800年时，美国总人口约有60%务农，但随着各种机具的发明，到了21世纪，务农人口已不到7%，且仍逐年递减；世界各国的农业发展史，莫不如此。

唯有强化右脑思考，并练就独立思考的本事，才不会被机器人所取代。近年来，微软、Google等美国科技巨擘的首席执行官，皆由印度裔美国人出任；而在美国科技业，出任高级经理人的印度裔美国人明显多于华裔美国人，关键便在于前者更懂得独立思考。

曾有印度裔科技业高级主管告诉我，印度考试并无是非题、选择题，只有申论题；因为毫无碰运气的机会，学生读书务求刨根问底，更得博览群书、认真思考、勤练文笔，才有机会出类拔萃。于是，在竞争激烈的科技业，印度裔员工不仅较具创意，较懂得随机应变（XQ），相对成长于填鸭式教育体系的华裔同侪，更易获得拔擢。

人类与机器人的差异，除了创新、热情，还有信念、同理心。一般认为，女性的同理心普遍高于男性。同样在美国，越来越多企业启用女性执行官，如 IBM、通用汽车（General Motors）等，证明其越来越重视同理心；若将同理心运用于企业经营，将可准确预知客户的需求，并适时提供协助，其竞争力自当超越对手。

因此，面对机器人浪潮来袭，也应强化信念、同理心、努力练习管理情绪、控制心念，更有助于冲破职场逆境，才能成为职场变局中的赢家。

创业，工作的最终挑战

创新不一定要创业，但创业一定要创新。

今天的职场低薪当道，贫富差距日益扩大，加上网络技术突飞猛进，大幅降低创业门槛，创业风气远胜往昔。不过，创业远比就业困难、艰巨，就业可双耳不闻窗外事，只需专注于交办的业务，但创业却得兼顾研发、管理、营销、会计、法务等事务，难得有片刻松懈。

如果创业前未做足准备，成功机率则微乎其微；即使做足准备也不见得会成功。根据统计，约有80%的新创公司在创业第一年即解体，到了第五年存活下来的企业又有80%会倒闭，可撑到第十年者约仅剩8‰；而且存活下来的企业不见得都营运稳健。

企业家一词，为法国经济学家 J．B．扎伊尔（Jean-Baptiste Say）在1800年提出，指"将经济资源从生产力较低领域转移至较高领域者"，故在创业之前，理应先认识企业的定义、历史，与企业家的应为与当为，分辨轻重缓急。企业的组成元素，包括资金、技术、土地、员工等，更重要的是，必须有一位深具创意的主事者。

➤ 有特色是创业成功的关键

大多数人谈创业成功的关键，无不将重点放在资金、技术、营销上；但我却认为，创业前必须想清楚"企业存在的价值"。毕竟，全球企业多如繁星，多一家企业不多，少一家企业不少，唯有可为人类持续创造价值的企业，方能长期存活；若只凭一个好想法起家的企业，或可风光一时，但终究无法长久。

创新不一定要创业，受薪阶层也可在服务的企业中创新，但创业一定得创新；因为，一间没有特色的企业，无法为客户、员工、供货商、投资者增进福祉，并无永续经营的基础，终将消失。然而，企业价值高低的指针自是利润，若符合企业伦理，利润越高的企业越有价值。

创业者应怀抱利己之心从事利他之行，正确动机应是完成梦想、贡献社会，而非仅为了个人的致富，财富、地位、声望都只是创业的副产品；不正确的动机则是一味追求成功，无视企业伦理，行事急功近利、不择手段，甚至铤而走险、违法乱纪，最后终将自食恶果。

知名高级经理人及创业家李开复先生，曾在《给热血创业青年的八桶冷水》一文中，对有意创业者提出 8 点忠告，试简述如下：

一是创业比就业更辛苦，非但没有薪水，可能还得自掏腰包四处借贷；且若干年后，所创企业可能风光不再甚至倒闭，成功机率仅有数万分之一。

二是许多年轻人向往创业，但又害怕失败。真正的创业家不惧任何风险，更不会犹豫退缩，即使父母、家人、亲友劝阻，依然勇往直前。

三是适合创业的人热爱使用新产品、享用新服务，是新产品、新服务的最佳质量检验员与质量改进的咨询顾问。

四是没有任何课堂可教人创业。学习创业的最佳方式就是加入一家新创企业；新创企业规模越小，反而可学到越多。

五是年轻人常自认为职业生涯面临两极化的选择，若非应聘于大企业就是创业。其实还有另一个选择，那就是加入创立不久的新创企业。

六是全世界没有一个创业家凭借空想就可成功。因为，有好点子的人满街都是，决定成败的关键在于有无迅捷稳健的执行力与多元的融资管道。

七是在获得融资之前，创业者通常得独资或借贷，支付将想法落实为产品、服务的相关费用。毕竟，不会有人出资投资一个只有想法的初次创业者。

八是创业活动、论坛虽值得参与，但应适可而止。部分年轻人热衷参与此类活动，反倒易沦为纸上谈兵的覆辙。

➤ 规划愿景，争取目标客户

创业者最常犯的错误，就是误以为可"一网打尽"所有客户。实际上，因为客户形形色色，需求天南地北，常常顺了姑情却逆了嫂意，唯有开发、耕耘目标客户，才是务实的创业正道。

那么，创业前应做好哪些准备呢？在创业之前就得先深思熟虑、沙盘推演，草拟一系列的策略、战略，且须顾及投资者的感受和立场，依性质分述如下：

一是愿景（vision）。首要之务在于规划愿景，创业者必须先设想目标客户未来将如何生活、工作、思维，其核心需求是什么？如何从目标客户的核心需求中，淬炼出价值导向，而创业者可提供什么？愿景回答企业为何存在（why exist）的问题。

更精确地说，创业者规划的愿景，必须可响应方方面面关于"为何创业""企业何以存活"等问题，且要提供市场上"前所未见"的产品、服务或解决方案，方可提高创业的成功机率。

二是使命（mission）。创业者在确立愿景后，便得进一步探索企业的核心价值是什么。内容包括企业要做什么；如何在目标客户的价值导向中，抢占最有利的位置。简而言之，创业者自我设定的定位和使命，当可回答"企业何去何从""企业该做什么"等问题，以利于运用区分原则，行其他企业所未行，强化竞争优势。使命回答企业要做什么（what to do）的问题。

三是策略（strategy）。找到新创企业的定位、使命后，创业者应倾注所有人力、资源，发展新创事业的核心专长，并遵循区分原则，专注在重要且已拥有优势的领域上。营运策略一言以蔽之，当是"如何领先竞争者"（how to compete）、"如何与众不同"（how to differentiate）、"如何改写产业游戏规则"等问题的答案，并透过发展核心专长开创蓝海市场，创造垄断性优势。

四是商业模式（business model）。创业家应以新创企业的核心专长为基础，打造具竞争力的产品、服务，并建立可长久的商业模式。商业模式即企业的收费机制，新创企业唯有整合研发、生产、营销、财务等资源，一而再再而三地进行实验，直到找到最合适的商业模式，营运才算步入轨道。

五是产品与服务（product and service）。创业者更要体认到，企业的获利管道除了产品、服务，还包括为目标客户提供瓶颈问题的解决方案。商业模式应根据客户需求进行调整，因为不同客户需求有异，新创企业应致力于研发具有代表性的产品、服务和解决方案，并提高其技术含量，方可不断持续创新，进而打造稳健获利的商业模式。

六是实验原则（experiment principle）。若无勇气，创业终将只是纸上谈兵。从来没有创业者在万事皆备之后才着手创业的，唯有不断尝试、实验、摸索，从失败、挫折中领悟生存与壮大的方针。不仅需要实验商业模式，还得无畏地进行研发、生产、营销、策略、目标客户、人员调配、业务模式等实验。

当然，在实验的过程中必定有种种反作用力与不确定因素，很少一试即成，但纵使一再失败亦不可心灰意冷，必须坚定意志投入下一次实验，未找出最佳模式，决不放弃。

诸多创业者的新创产品万分珍视、极端保密，以为只要埋头苦干，就可"一举成名天下知"；殊不知如此可能将自陷逆境，甚至就此万劫不复。因为，创业者虽自认娴熟目标客户的需求，但实际上可能相差颇大；反倒应抬头苦干，及早让目标客户参与研发，更可能满足其需求、解决其瓶颈需求，可将彼此的关系升华至不可或缺的战略伙伴关系，成功机率可望大增。

七是时间原则（time principle）。创业犹如参加马拉松长跑，而非100米的短跑，比的是持久力而非爆发力。创业者多半心急，希望在最短时间内获得成功；常高估一年内所能做的事，却低估10年内所能做的事。根据我的观察，无论个人还是企业，在一年内几乎无法完成任何大事，但在10年内却可达成任何目标。

然而，新创企业存活率极低，创业者唯有练就过人的坚持与执着，才能等到拨云见日的那一天。从构思新的想法，并将新想法落实成新产品，再让新产品在市场上胜出，可能就得数年之功。创业者若是市场先行者，等待是必修学分之一，等到市场的突破点、转折点出现时，必将是市场的领导者。

等待的过程无比煎熬，约有90%的创业者，在市场的突破点、转折点到来之前便已相继放弃，等不到开花结果、欢呼收割的那一天。若创业者能等到第一次成功，第二、三次成功可望相继而至，甚至就此势不可挡、一飞冲天。

八是无形资产（intangible assets）。创业者更应牢记，创业成功的定义并非累积更多有形资产，而是有形资产、无形资产齐头并进。对企业而言，有形资产包括资金、厂房、员工、机器、设备、产品、服务等，无形资产包括技术、诀窍、知识、商誉、品牌、业务模式、客户关系、员工士气，以及知识产权等。

其实，企业的无形资产远比有形资产更有价值，成功常是企业主利用有限的有形资产去创造不断成长的无形资产。与有形资产相比，无形资产仅需耗费一次性成本，再生产的成本较低，但投入时间却可能很漫长，其优点在于越用越有价值，不惧天灾人祸、通货膨胀，且历久弥新。无形资产是企业的真正价值所在，有形资产仅是工具，千万不可本末倒置。

诸多创业者将创业与创新混为一谈，但两者本质并不相同。创业侧重营运、管理实验，创新则着墨于产品、技术的研发，新创企业两者皆不可或缺，但罕有创业者有能力、精力、时间同时兼顾。

新创企业刚成立，若可由创业伙伴分摊创业、创新业务，将有助于企业站稳脚跟；若因人手不足，创业者必须蜡烛两头烧，等到企业规模略大时，一定得聘请专才专责其中一者，创业与创新方可并辔而行、齐头并进。

例如，苹果的乔布斯和库克（Tim Cook），Google的佩吉（Larry Page）和施密特（Eric Schmidt），微软的盖茨（Bill Gates）与鲍尔默（Steve Ballmer），Facebook的扎克伯格（Mark Zuckerberg）和桑博格（Sheryl Sandberg），皆是一人负责产品、技术的研发，另一人负责营运、管理。

在长期担任经理人之后，我下定决心创业，在上海创立了上海毅仁信息科技（E28），成为创业者。创业堪称我职业生涯的最大挑战，历经多次失败，最后终于逆转得胜。此次创业经验让我深刻地体悟到，创业成功的关键不仅得兼具顶尖的管理、研发能力，新创企业更要在所属产业中开创出独特的定位与特色。

更重要的是，在创业之前就得先深思熟虑、沙盘推演一系列的策略、战略，且须顾及投资者的感受、立场。而在创立 E28 之前，我便已针对网络时代到来、产业结构与秩序即将重组，明定公司的愿景、任务、策略、商业模式，并适应市场的改变而不断修正，以供所有同人遵循。

➤ 创业趁年轻

并非人人都适合营运、管理，或适合产品、技术研发，在创业的过程中，创业伙伴应根据彼此的个性、才干，分配合宜的职位、业务，各司其职、分工合作。

负责营运、管理者，担任经理人的角色，其主要工作为执行、掌控企业的日常事务，责任在于把事情做好（do the things right）；行事应力求稳定、连续，致力于追求量的改变，但改变应循序渐进，以求提高企业的获利效率。

专事产品、技术研发者，堪称企业真正的领导者，其主导企业的方向与决策，责任在于创造非凡事功，且将正确的事情做对（do the right things right）；行事应力求蜕变、改造，颠覆、推翻既有的产业游戏规则，并致力于追求质的改变，一旦改变成真，其效益当巨大到难以估算。

最后，我诚挚地建议，有志创业者应趁年轻时勇敢追梦，因为体力充沛、较无家庭包袱，并拥有丰富的创意、想象力，即使失败，可很快再奋起。

而且，今日的创业环境远优于昔日，创业者只要构想出确切可行的创意，无论软件、硬件技术，或会计、财务、营销业务，一律皆可外包；只要略有成绩，立即吸引众多创投、天使投资者叩门，并引进经验丰富的团队，大大加快成功的速度！

EXECUTE

彻底执行，让美梦成真

有一件事你想完成，而且拥有愿为此焚身的热诚，全世界都会为你让开道路！

要想成就一番事业、完成一件难成的任务、学会一样难学的技能、改掉一个不良的习惯，就要专注练习并执行到底。我更想要强调的是，与心有旁骛的天才相比，专心致志、练习不辍的平凡人，可能更接近成功。

迈向成功的关键常在于可否创新、发明，创新必先模拟未来，才可在脑中厘清及看清梦想；发明则是将想法执行到底，让美梦成真。若想让美梦成真，就得发挥超乎平常的力量，维持正面、肯定、向前的积极思考，用正确的执行力刺激时时处于"关机"状态的潜能。

根据科学研究，一般人仅发挥应有能力的2%，甚至更低，其余98%甚至更多的能力皆深藏体内（故称为潜能）；倘若能释放部分甚至全部潜能，当可心想事成。

大多数人无法唤醒潜能，原因无他，在于追求梦想时未能将创意坚持执行到底，而此执行能力可借着系统性的操练越做越顺手，这就是本章的主题。

➤ 七步骤迈向成功

脑中已成形的想法可否付诸实现，取决于是否执行到底。若要实现远大的梦想，就得拟订中、长期计划，一步一步地累积实力；虽然在过程中因为现实与梦想差距甚远，圆梦速度可能慢如牛步，情绪势必大受打击，此时应尽速回神，不逃避任何麻烦、困难，不畏惧被问题追赶，不闪躲单调、枯燥的事务，为了前进一分一厘，甘心拼命流汗、坚持不懈。

更重要的是，每逢关键时刻，依然保持正面积极的态度，持续积极地思考，深信梦想一定会成真，意志不受外在影响而动摇，时时刻刻不敢马虎；经过长时间的不断累积，终有一天将爆发出巨大的能量，圆梦速度犹如从爬行变为步行、奔跑，最终梦想成真。

过于躁切、中途心灰意懒或功亏一篑，都是未能执行到底，我建议可参照以下7个步骤，循序渐进、不慌不忙地向梦想前进。

一是简单原则。自然定律都是简单而优美的，任何产品从研发到大量生产都要经过一个"复杂事情简单做"的过程，个人或企业要做大、做久，都要靠简单原则。所以一个真正的成功者必是化繁为简的高手。简单原则是通往成功的敲门砖，若想超越群伦就得善用简单原则，简化经手的业务、庶务、做法，使其能重复操作。

二是集中原则。简单原则旨在节约时间，集中原则旨在节约精力，两者并用才能将时间、精力花在刀刃上，事半而功倍。集中原则意谓着在找到可能的突破点后应一而再、再而三地重复冲击，与同时处理数件事相比，将精力、时间集中于一件事情上，成功机率更高。

许多人与成功绝缘，并非志小才疏或勇气不足，而是企图一蹴而就，只愿做大事不愿做小事，缺乏滴水穿石的耐心和铁杵磨成绣花针的毅力。殊不知，伟大的成就除了准确预测时代趋势，更是众多微不足道小事积累来的，唯有耐烦方可成就不平凡。

三是实验原则。重复冲击可能的突破点，并非指独沽一味，将全部希望押在某一策略上，屡战屡败却不肯修止调整，而应秉持实验原则，不断尝试新的策略。发明家爱迪生拥有 1093 项专利，取得每项专利前，无不历经难以计数的失败。在研发蓄电池时，共历经 25000 次失败，但他不以为苦，而是乐观地说：“我知道了 25000 种不可行的方法！”

追求梦想的过程，好比推一个巨大的铁球上山坡，在失败后应尽速重整旗鼓、改弦易辙直到成功为止。过程虽无比艰辛，但只要将铁球推过了山顶，铁球便将如滚雷般向前挺进，自行运转势不可挡，一切皆水到渠成。

四是当下原则。逝者已矣，未来尚在未来，唯有当下此刻是真实的。若不遵循当下原则，恐难筑梦踏实。在追求梦想的过程中，虽要不断检视昔日的错误、不足之处，想象来日的美好远景，但无需为此耗费过多时间精力，应努力掌握当下，不断强化自身的竞争力，日复一日向前迈进。

五是 1 万小时定律。加拿大知名作家葛拉威尔（Malcolm Glad-well）指出，无论何种产业，成功者得以超越失败者，在于拥有 1 万小时的专注练习。许多人常问，现实距离梦想多远，我的回答与葛拉威尔相同：距离 1 万小时。通往成功没有捷径，1 万小时定律犹如铁律。根据科学研究，人类大脑约有 1000 亿脑神经元，在学习新事物时将改变脑神经元的联结；重复练习时，新联结将不断强化、越来越上手。

各领域的世界级名家，无论是棋手、作曲家、小说家，还是运动员、钢琴家、科技企业家，在成名前都历经至少 1 万小时的刻苦练习；就连弱冠便名扬四海的比尔·盖茨与乔布斯，在赚取人生第一桶金之前，花在写程序、打造个人计算机的时间，也都超过 1 万个小时。

不过，无需闻 1 万个小时而色变，甚至未战先降。专心学习、练习一项专业超过 4000 小时后，就可成为称职的从业者，若超过 5000 个小时，几乎已是该领域的专家，甚至可传道、授业、解惑；但若要成为顶尖、世界级的专家，就非得超过 1 万个小时的学习和练习不可。

六是 80/20 定律。在执行的过程中，多半先坎坷而后顺遂，犹如倒吃甘蔗般渐入佳境。在达标前 80% 的时间、精力，一如将铁球推往山顶，仅能获得 20% 的成果，但在突破转折点之后的 20% 的时间、精力，却可获得 80% 的成果，好比铁球从坡顶上滑落，量变转为质变，此即 80/20 定律。

通往成功的道路并不拥挤，只是坚持到最后一刻的人不多。在前段，付出和成果差距过于悬殊，大多数人已遗忘 80/20 定律，以致半途而废。谨记，未经前段的挥汗努力，就无法享受后段的加速奔驰与最后的欢呼收割。

七是相信定律。诚然，有的梦想难度甚高，纵使已投入可观的时间、精力，尝试过数不清的方法、途径，却迟迟无法将铁球成功地推上山顶，几乎已无斗志再战，只剩下挫折和疲累。每当认定自己应撤退时，因为信念的缘故，我总能坚持下去。此时，我会以最诚实、谦虚的心态，重新用眼、耳、心、身体，仔细、深入地重新且反复地观察现况；最后，心情总能恢复平静，再尝试其他方法、途径，多半可拨云见日、否极泰来。

我必须强调，若不遵循这七步骤，成功机率将大为降低，这七步骤执行到底，则是大大提升成功的机率。我在创业时便曾遭遇十连败；在我深信并认真遵循执行了这七步骤后，方突破困境，一举翻盘。

若想完成一件事，且拥有愿为此焚身的热诚时，全世界都会为你让开道路！

孔老师心灵工坊

【动力】操练

A. 沟通专业知识

1. 主动请缨做跨部门培训，用非专业术语讲解自己的专业。

2. 做讲演或讨论，力求把信息归纳为少于 3 个要点。

B. 找到定位

要求独立完成以自己精通的专业为主、也与其他部门频繁合作的任务，以此奠定自己在职场上的定位。

C. 你在做能与人共舞的产品吗

1. 试找出你所用的产品中，哪一样是你爱不释手、不可或缺的？

2. 找出其中的原因，并以此来衡量你正在做的产品是否能与用户共舞？

D. 改变思维，提高沟通能力

下次与人意见不同时，不要急着生气或不理人，试着平心静气地继续沟通，直到改变对方的想法，同意你的看法为止。

E. 解决冲突，增强谈判技巧

谈判之前，预先设想对方的反应，并准备好问题以深触对方内心真实的声音，以期挖掘出对方隐藏的利益需求。

F. 激发右脑力

若你现在需要接受一个挑战或度过一个难关，尝试使用逆向思维，大胆地寻求非理性和感性思维，找出有别于左脑思维的解决办法。

G. 规划创业愿景

若现在已进入创业阶段，请回想一下创业的目的是什么？为了赚钱，还是为了向社会提供前所未见的产品、服务或解决方案呢？

H. 彻底执行的决心

1. 挑选一个自己一直想改掉的坏习惯，制订计划，运用"慢和坚持"来改掉它，给 3 个月时间来看自己的进步。

2. 在做独立思考操练（眼力）及静中操练大脑（魄力）的过程中，体会彻底执行的七步骤。

Part 4

魄力
关键时刻勇敢做决定

应变能力，考验你的胆识与领导力

变是世上唯一不变的真理，应如何应变？

无论在职场还是人生，计划永远是赶不上变化的。曾在英特尔担任 CEO 多年的葛洛夫，在他的名著《十倍速时代》（*Only the Paranoid Survive*）中指出，与往昔相比，人类社会变化速度已增快 10 倍，成功、失败的速度亦快上 10 倍。在今日，倘若职场人士和企业未能 10 倍速地改变，便很难在职场上引领风骚。

现今的企管书、商业书已是汗牛充栋，却罕有书籍明白指出，不论企业主与经理人再怎么努力、勤奋，创新力、执行力亦超群出众（IQ 加上 EQ），顶多可打造出是同行两倍数的业绩，唯有懂得除了 IQ、EQ 之外还具有应变能力的 XQ（变商），方能做出超越同行十倍数回报的事业及企业。

➤ 企业持续成功在于领导模式

"最后失败的企业"若与成功的企业相比，可能过程是一样努力、勤奋，甚至有过之而无不及，并且曾有更幸运的机会。但成功企业最终胜出的原因，在于遭逢好运时，善于御风而上、乘胜追击，借机壮大企业规模、拓展目标客户群；而遭遇厄运时，有能力将冲击力降至最低，并化危机为转机。

失败的企业拙于应变，当好运降临时不是视而不见，便是缺乏胆识、墨守成规，导致时不再来；当厄运造访时，顿时呆若木鸡、魂不守舍，不知如何应变，不仅让伤害扩大蔓延，甚至危及企业的根基。

然而，在十倍速时代，面对好运、厄运时，可思考、处理的时间也已大幅缩短；唯有锻炼胆识、应变能力，方可让好运成为企业扩张的最佳契机，让厄运成为企业上下凝聚共识、激发斗志的催化剂。

如何锻炼胆识、勇气与应变能力呢？西方企管公司常借鉴探险家的故事，说明同样在危机四伏、快速变迁、难以掌控的环境下，为何某些企业主、经理人可带领企业突破重围，而某些企业主、经理人尽管距离成功不远，最后却功败垂成。

➤ 功败垂成的史考特探险队

1911 年，挪威人阿蒙森（Roald Amundsen）、英国人史考特（Robert Falcon Scott）分别带领探险队，登陆南极大陆，目标皆是成為踏足南极的第一人。在冰天雪地的南极大陆，两支探险队需跋涉相当于从芝加哥到纽约往返的距离，实为艰巨、危险至极的挑战。

阿蒙森带领的探险队率先抵达南极，全体队员平安，如期返回基地。史考特带领的探险队虽亦成功抵达南极，但时间却已晚上一个多月；不幸的是，队员在回程中全部丧生，无一生还。

阿蒙森探险队胜出的原因，在于严守纪律、装备精良而实用，并进行完整、缜密的避险布置。严守纪律是指阿蒙森探险队行进的速度，不受气候、路况与队员身体、心理变化影响，每天固定前进 32 公里。天气、路况较佳时，也不贪多躁进；天气、路况恶劣时，亦勉力完成。

工欲善其事，必先利其器。在装备上，阿蒙森探险队采用更实用的眼罩，并向居住在北极圈的因纽特人（Inuit）请教，如何训练狗拉雪橇，再强化雪橇，纵使南极大陆气候再酷寒、路况再严峻，依然不会损坏。

更重要的是，阿蒙森探险队在往返路线上，设立多个补给站，并在补给站旁树立醒目的旗帜，两侧设置黑色标志，标志延伸约 10 公里。在南极大陆白茫茫的冰雪世界中，补给站相当显目、不易错过，可避免探险队偏离路线。

相反，史考特探险队行进的速度，则完全视当下的气候、路况而定。当气候、路况较佳时，加快脚步、拼命赶路；当气候、路况恶劣时，则将脚步放慢。其主要装备似乎更为先进，用小型马、电动雪橇，但严重错估南极大陆环境，小型马相继冻死，电动雪橇全数故障，队员甚至得在身体上绑着背带，拖着雪橇前进。

　　凭借着过人的勇气，史考特探险队终于抵达南极，但因毫无避险意识，没有任何防范意外的措施，终究不敌瞬息万变的南极大陆气候，最后集体葬身雪国，留给后人无尽的感伤。

　　通过以上真实的故事，我们可以学到，两支探险队面临相同的险境，在过程中也都遇到相类似的厄运及好运，至终之所以有如此不同的结果，不在于运气的好坏，而在于两个领导者领导模式的不同。史考特的领导方式没有将风险管理及应变处理（即XQ）当作要务，所以整个团队的命运交在运气手中；相反，阿蒙森的领导模式所强调的3件事，都着重将风险降到最低，以培养处理运气的应变能力。

➤ 十倍速企业的典范

　　进入十倍速时代后，世界变得更混乱、更难以掌控，职场人士、企业都应效法阿蒙森探险队，贯彻以下三大原则：

　　一是严格遵守纪律。企业应如阿蒙森探险队，虽然天气、路况好坏不一，每天皆行进相同的里程，致力于业绩稳健成长，只有在顺境、逆境中都遵守匀速前行的纪律，方能在面对巨大危机时立于不败之地，不让自己暴露在无法预期的风暴中。

　　二是经实证的创新。创新应配合纪律、有目标，且务实不务虚，唯有像阿蒙森一样追求可经实证的创新，才能在险境中借着创新脱困。

　　三是锻炼应变能力。十倍速企业领袖认同阿蒙森，总是意识到世界是可以变成很可怕的，在困难来袭前因为疑虑而先做好万全的准备，事前培养胆量与危机意识，当遭遇危机时，临危不乱、处变不惊，理性、平和地制定方案。

无论企业还是个人，坚持纪律皆很不易。所有的大事，皆由众多微不足道的小事累积而成；大多数成功者的共同之处，即持之以恒，而失败者、平庸者的最大特征，就是难以持之以恒，遇到较大困难便半途而废。

然而，许多企业衰亡的关键因素，并非是经济不景气的冲击所导致，而是在经济欣欣向荣时过度扩张，或涉足不熟悉的产业，当景气急转直下时，无力支付高额的营运成本。但在顺境时，罕有企业不见猎心喜，大举扩张事业版图。因此，当逆境来袭，势必将遭遇无法预期的风暴。

美国西南航空公司（Southwest Airlines）是坚持纪律的典范。在全球金融风暴前，美国有超过100座城市邀请西南航空开辟航线，但西南航空却只从中挑选4座城市。因此，当金融风暴铺天盖地来袭时，其他航空公司相继裁员，而西南航空拓点的进度却丝毫不受影响。

勇于创新的企业不在少数，但创新不一定会为企业找到新的方向、生路，而英特尔则是靠创新不断成长、壮大的最佳案例。虽积极创新，英特尔却不为创新而创新，不追求创新的量，而讲究创新的质，常将数个创新方案去芜存菁，揉合成一个更具爆发力的创新方案。创新必须服从纪律，企业主、经理人应当深刻领悟到，纪律可为创新加分而非减分。

最懂得应变的企业，非苹果莫属，堪称十倍速企业的佼佼者。十倍速企业的企业主、经理人，针对可能发生的种种危机，早已做足万全准备，无论好运还是厄运造访，皆有恃无恐；十倍速企业胜过二倍速企业之处，便在于应变能力卓越超群，更懂得处理运气。

➤ 培养应变能力以处理运气

许多人将运气等同于命运，实则不然。那么，何谓运气呢？在我看来，运气通常与具体事件有关，其具备如下三大条件：

1. 发生原因与当事人、企业无关。
2. 可能造成巨大影响，可能是正面的也可能是负面的。
3. 包含若干不可预期的因素。

美国有公司专门以运气为主题，进行量化研究，发现成功的个人、企业，遭逢的好运不一定多于厄运；同样，失败的个人、企业，遭逢的厄运不一定多于好运。决定成败的关键因素，在于个人、企业是否先能未雨绸缪，然后有足够的胆识和应变能力来处理充满不确定性的运气。

处理运气之际，正是锻炼胆识和应变能力的最佳时机。此时，应主动请缨执行相关适应策略，勇于承担，若可让所服务的企业在顺境时加速奔驰、在逆境时找到生机，职业生涯可望就此攀登高峰、踏上坦途。

　　根据调查，在美国众多的企业首席执行官中，胆识过人者仍属罕见；但胆识高低，常等同于领导力高低。依照巴列图法则（Pareto Principle），世界上80%的成就由20%的人创造；这20%人的成功秘诀，便在于"不凡的胆识"，即XQ的能力。

　　若有胆识、善应变，当众人脚步迟疑时敢于向前迈进一步，不断累积应变经验，将更具勇气、决心、自信心，坚持立场择善而从，并妥善协调职场上的各种纷争和矛盾。如此，即使遭遇再棘手的麻烦、再强劲的对手，依然无所畏惧，在必要时，更可破釜沉舟全力求胜。

　　我的职业生涯多次是在逆境中翻转获胜的，许多胆识和应变能力也是在这些危机中练就的。例如，当我担任摩托罗拉手机部亚洲总裁时，在中国大陆推动手机中文化，并提高摩托罗拉手机的市场占有率，就是靠胆识和应变能力扭转战局。

　　就在做成手机中文化有了领先产品的同时，在产品销售上又遇到难题。当时，摩托罗拉致力于增加经销商、代理商的数量，并将所有产品提供给所有的经销商、代理商，以期增加手机的市场占有率。然而，各地经销商、代理商在各区域间串货，以致砍价恶斗之事每天都有，令摩托罗拉销售部门疲于应付；且因利润持续探底，甚至无利可图，几乎天天都有经销商、代理商前往摩托罗拉抗议，要求给予更优惠的经销价格。

　　因为经销商、代理商的恶斗，摩托罗拉有数款质量精良的手机，光研发时间就长达两年，可问世后不到3个月，就成为恶斗的牺牲品，被迫退出市场。不久，摩托罗拉在中国的手机市场占有率已落后另一手机大厂约 8%，且劣势处于不断扩大中。

面对危机，我立即制定应对策略，决定将中国市场划分为东、西、南、北四大区块，再依人口数和消费力，划出一、二、三、四级城市，并根据经销商、代理商的特点与销售潜力的高低，分别提供适合他们的产品，并裁撤信用不佳、销售迟迟不见起色的合作方。

而且，在每个城市，摩托罗拉每一款手机，最多只配给两家将其列为主打商品的经销商、代理商，并全力配合其营销策略，激发其销售潜能。此后，每个经销商、代理商都相当珍视摩托罗拉挹注的资源，并积极制定营销策略，认真销售摩托罗拉的手机，甚至视其为唯一商品。仅仅是调整与经销商、代理商的互动模式，摩托罗拉不仅消弭了危机，更从危机中发现契机，藉此急起直追、后来居上。

➢ 在逆境中最忌负面思考

古谚云："穷则变，变则通，通则久。"穷，为逆境的通称；变，指不满现况；通，则是排除困难。此谚语的大意是，唯有懂得变通，方可长治久安。想突破逆境，无胆识寸步难行，而练就胆识的基本条件不外乎"不满现状、想方设法排除困难"。

不满现状，须以超越常人的思维为基础，懂得顺应变迁、正面思考，并在关键时刻坚守立场，否则就只有牢骚、抱怨。想排除困难则应采取超越常人的行动、策略，以处理危机、纷争，才有机会冲破逆境，若因循守旧、不愿冒险，终将被横逆击垮。

纵使面对危机或不满现状，许多人仍拒绝改变，因为缺乏胆识、应变能力、害怕改变带来的不确定性。唯有强化自信心，才能看见希望、勇于改变；因为改变绝非一蹴而就，在改变的过程中，若无信心、耐心、恒心，是难以脱离危机的。

培养胆识，首先得顺应变迁，如此才能善于利用变局，因为机会藏在危机中。市场若出现变局，正是新企业崛起的佳机，企业若出现变局，常连带着组织重整、新人窜出，亦可能是职业生涯的转折点。

在逆境中，最忌负面思考。唯有正面思考、遵从内心的指引，才能激发潜能，克服现实与梦想之间的巨大差异，坚持到底、努力不懈，让今日比昨日进步；每逢关键时刻，决不轻言放弃。

在关键时刻，决心、意志皆备受考验，坚守立场实为不易；但倘若立场动摇，失败亦已不远。当确定在情、理、法等层面皆立于不败之地时，应勇于捍卫原则、理念，不因畏惧而退缩，即使惨遭他人排挤、阻拦，亦不改其志。

光有胆识，仍不足以扭转乾坤，还得打破传统思维或制订新的市场、产业供应链游戏规则，若无非常之举不足以应非常之变。但非常之举，难免遭既得利益者中伤、攻讦，内忧外患夹击；但在新的游戏规则尚未成形时，应以平常心看待逆境，不可心浮气躁、意气用事。

行非常之举，仍得按部就班，突破一个又一个关卡，不断从错误中省思、学习、成长，不可心存侥幸，意图一步登天。挫折常是"伪装成诅咒的祝福"，但唯有执着坚持，方能化诅咒为祝福。

坚持并非死板，兼具行为自律、策略灵活者，方可视祸福如草芥、履水火如平地。一时的失利，常非方向有误，而是策略偏差；有时，更非面对的危机太大，而是人的心志太小。

然而，危机常常不是一个又一个接踵而至，而是数个连袂而来。危机处理，需经验与专业知识并重，不可偏废。若是企业遭遇宛如龙卷风般的巨大危机，企业主、高级经理人应挺身而出，直接掌控全局，并整合企业内外资源，成立项目小组，迅速、正面地迎击危机，不可有丝毫犹豫，坐任危机继续扩大。

➢ 处理危机应保持平常心

处理危机虽应全力以赴，但不必时时忧虑、刻刻紧绷，尽可能维持正常作息，适度休息、运动，让灵魂体都达到最佳状态。但设想解决方案时，应秉持正义、公平原则，切忌抄捷径、走邪路，其虽可收一时之效，却是短多长空。

在排除困难的过程中，内部的歧见、纷争无可避免，万不可偏听、偏见，应力求聆听、包容不同的声音，保持各方势力微妙而不失控的平衡，此亦企业管理的基本原则；让异质声音并存不悖，正是激发创意的不二法门。

争执处理的要点不在判定谁对谁错，而是尝试凝聚共识。根据我的经验，应恪守以下 5 个原则，才不至于治丝益棼：

一是朝建设性方向引导。应将争执引往建设性方向，而非破坏性方向。

二是保持尊重。企业主、高级经理人应放下身段，尊重每一个人，评论时对事不对人，不做任何人身攻击，以信任取代猜忌。

三是不能有先入为主的意见。讨论时，应摒弃对他人的成见，以免讨论失焦。

四是就事论事。争执的目的在于沟通，从而激发解决方案，而非分出胜负。

五是听重于讲。认真、仔细聆听，但谨慎发言；若要指责亦得三思而后行。

越来越多的父母认为，在子女尚在求学时代，便应锻炼其胆识、应变能力，未来进入职场后，可沉稳、冷静地面对逆境与变局。有的父母让子女参加深山求生的夏令营，在穷山恶水中激发求生意志。若干富豪，甚至将子女送进军校接受磨练，这些都是加强训练胆识和应变能力的方法。

2

在静中操练大脑，增加反弹力

人脑的终极功能是求生存。

人生不如意事十常八九。根据研究，面对困难身处逆境时，约 80% 的人会想尽办法闪躲逃避；约 15% 的人虽厌恶困难逆境，但会尝试克服与突破；仅有约 5% 的人会主动挑战逆境，逼迫自己成长。

在我看来，自己在遭逢挤压时，却能像一块橡皮或海绵快速恢复原状的恢复力，即反弹力，关键在脑的操练。不过，锻炼反弹力，其一，得经历、认识失败，并深刻体会到自己在失败中求胜的经验；其二，应尝试跨出"可自我控制的领域"，跨出的经验越丰富，对冒险的承受力也将日益增强。

➤ 反弹力与个性无关

当面对困难身处逆境时，最难超越和克服的当属"压力"和"恐惧"。

如果已认定自己无法克服，就容易消极放弃、屈服妥协，或选择绕道而行。当无法扭转逆境，深感孤立无援、烦躁不安时，就会产生压力。不过，巨大压力固然可怕，接连不断的细微压力亦令人难以忍受，长期忍受压力可能造成诸多身心疾病，不得不防。

恐惧则是动物感受危机时的本能反应，人类亦不例外。当恐惧来袭时，脑中的恐惧回路（fear circuit）立即开启，一般人会找他人作伴，共同抵御危机。因此，当找不到伙伴时，恐惧将如影随形。越是经常开启脑中的恐惧回路，恐惧将渗透进思维中，成为挥之不去的阴影。所以，若能找出强化反弹力的方法，不仅可逢凶化吉，还可在逆境中茁壮成长、激发潜力。实验证明，接受过扎实反弹力训练的人，脑部结构将产生变化。

因此，也可以这么说，反弹力的训练即脑的操练。经过反弹力训练者的大脑，在脑组织中可产生新的回路，当面对危机身处逆境时，思绪可绕过恐惧回路，压力、恐惧大幅缩减，可沉着冷静应对变局。日积月累之后，患难生忍耐，忍耐生老练，反弹力将可成为迈向成功的坚实后盾。而且值得庆幸的好消息是，任何人只要稍加训练，都可培养出反弹力，击退压力和恐惧，让人生维持在常轨上。

脑神经科学学者证实，主管人类的认知、思考的前脑与主管人类的情感、感觉的中脑之连结，与反弹力息息相关；反弹力较高者，在恐惧逼近时可自主恢复平静，将情绪波动降低至可控制的范围内。若未经反弹力训练，一旦恐惧来袭，可能无法理性思考，容易陷在焦虑、抑郁中而无法自拔。

对不顺心事务的反应可检验一个人反弹力之高低，从如何处理较小的压力源，便可推断当遭遇较大压力源时可能出现的应对、处置与决断措施及水平。反弹力与个性无关，乐观者不见得比悲观者更具反弹力；曾有专家整理出十多种锻炼反弹力的方法，但并非每种方法皆适用于每个人，唯有不断尝试，方知何种方法适合自己。

➤ 反弹力可自幼训练

根据我的经验，以下 5 种增进反弹力的方式，几乎人人都可适用：

一是对抗。与压力、恐惧正面对抗。尝试主动从事若干原本自己害怕的事，反而可以松弛脑中的恐惧回路。

二是相信。从日常的诸多决定中，整理出一套有原则的道德规范，即使遭遇再大的压力、恐惧，亦严格遵循奉行。

三是求援。在关键时刻不故步自封、苦撑待变，应寻找强有力的友善支持群体，寻求实质及心灵上的援助。

四是运动。适度与定时的运动，将有助舒缓身心，不躁进亦不气馁，也可修补在压力下受损的脑神经元。

五是安静。唯有在静默中才能完整、理性地思考，即使压力恐惧当顶亦可临危不乱，并藉内在力量修复创伤。

美国是由移民组成的国家，许多人移民至美国时赤手空拳一无所有，胼手胝足后方丰衣足食，甚至飞黄腾达。他们相当珍视奋斗过程，也担心下一代养尊处优、难以自立。于是采用斯巴达的教育方式，锻炼子女的反弹力和求生能力。

许多家长陪同子女参加野外求生营。他们先在营队基地接受数天基本的求生训练，然后让子女仅带着简单的口粮进入人迹罕至的丛林，少则一周多则两周才能返回营队基地。

在险峻的丛林中为了求生存，他们只得以蛇肉、老鼠肉果腹，喝溪水止渴，若无坚强的斗志和卓越的胆识，且彼此精诚团结、分工合作，难以度过一个又一个难关，甚至还可能遭遇不测。

离开野外求生营后，原本娇生惯养的子女无不脱胎换骨仿佛重生，变得主动积极，更懂得感恩，不再事事仰赖父母；面对挑战、挫折、失败亦不惊慌失措，被打倒后亦可快速重新振作，反弹力就此超越同侪。

如何操练反弹力以解决困难、冲破逆境呢？曾有专家提供了以下10项建议：

一是坚定信仰。信仰不一定是指宗教，亦可是衷心相信的核心价值。在任何情况下信仰皆不动摇，坚信不移。

二是订定目标。若有奋斗的目标，面对困难身处逆境，亦可从伤痛中发现意义和价值，并化悲愤为力量继续朝目标前进。

三是正面思考。对未来，应抱持正面思考，才能远离绝望，怀抱希望。

四是请教前辈。向曾走出谷底的前辈请教，当缩短沮丧懊悔的时间，快速思考应对压力和恐惧的对策。

五是勇往直前。面对令自己惧怕和厌烦的事，不要逃避，直接迎击。

六是迅速求助。分析困难、压力可能超越自己的能力上限时，应立即求助，不可坐视困难、压力不断扩大，直至难以或无法收拾的地步。

七是学习新知。若在短时间内无法解决困难、冲破逆境，亦不必每分每秒绷紧神经，有时可透过学习新事物，迫使自己转移焦点。

八是持续健身。奋战不仅得靠脑力，更得靠体力；若无运动习惯，此时应选择适合自己的运动，持之以恒地健身。

九是既往不咎。虽要记取过去错误的教训，但不必过度自责、自怨自艾，否则，将难以正面思考。

十是强化优势。应认清自己的优势所在，运用区分原则，重强避弱，并倾注资源、时间强化优势。

➤ 在静中求专，在静中得力

安静是增进反弹力的最佳方式之一，也是实践 10 项建议的必要条件。原因无他，唯有在安静中方可专心致志，即"静中求专"（mindfulness），也唯有在安静中才能持续增进个人反弹力，即"静中得力"（the power of silence）。

为何静中可求专？因为在静默中最适宜训练心念，使其专注于当下，摒除脑中的疑虑、焦虑、困惑，让思维清澈、理性，不受外界干扰，飘移至过去、未来或他处。

2010 年时，哈佛大学的一项研究表明，一般人在一天中约有47% 的时间胡思乱想，脑中所想的与正在面对、处理的事无关；但若经过静中求专的训练，让身心迅速安定、宁静，便可大幅提升专注力，表现将更为出色。

另一个研究显示，"越善于在静中求专，反弹力便越强"，如经过严格的"静中求专"训练的运动员与海军陆战队队员，与未经过训练的相比，较少情绪波动，心跳、呼吸起伏幅度亦较小，更能更迅速地恢复常态和战斗力。

为何静中可得力？因为安静中可潜移默化地升华人性、净化品格，长期训练让自我安静，甚至可改变人脑的结构、功能，越发能从高度压力中将恐惧、焦虑、抑郁的情绪，转化为善良、仁慈、同情的行动；而且这一改变不仅止于安静时刻，也可延至行动之时，永久提升反弹力。

从多年前开始，我就在清早做静力操练，每天操练45分钟到1个小时，目的便是在静力的静止（stillness）、沉默（silence）、独处（solitude）三个层面中，让身心都习惯于安静，以强化反弹力，并增强自己"静中得专"及"静中得力"的扭转力。

进攻永远是最好的防守

在汪洋大海中，小船面对暴风雨时，最安全的航向乃在调整方位后，卯足动力向着暴风雨的中心笔直前进。

职场如人生，在遭遇危难时，大多数人像遇见风暴的鸵鸟将头埋进沙土中一样，选择听而不闻、视而不见、以不变应万变，希望不久后一切便风平浪静。只是这种态度纵使侥幸躲过几次风暴，最终仍不免葬身于之后的风暴，或终生无法出人头地，或不断在职场中漂泊流浪，甚至早早结束职业生涯。

面对逆境，进攻永远是最好的防守。若一味静态守备，既难提升个人的能力，更无法在风暴的漩涡中找到新的生机和出路，化危机为转机，还可能坐视中、小危机滋长成难以逃脱的大危机。

➤ 面对逆境不屈服、不逃避

被史学家尊为"千古一帝"的汉武帝，正是以攻为守、以小搏大的成功案例。经过祖父汉文帝、父亲汉景帝的励精图治，汉武帝登基时，汉帝国国富民丰、仓廪充足；但在军事上却是弱国，虽然步兵人数庞大，但骑兵始终不及奔驰如电的匈奴骑兵，致使国境屡遭袭扰，国家安全饱受威胁。

为了洗刷国耻，汉武帝即位后，削弱诸侯势力，推动政经改革，派遣张骞出使西域诸国，除了策动西域诸国脱离匈奴羽翼，更引进汗血马，强化汉军骑兵战力。汉武帝任命大将卫青秘密整训骑兵，积极备战，同时持续怀柔政策，馈赠匈奴金银玉帛，松懈匈奴的防备之心，争取练兵时间。

在组建军容壮盛的骑兵部队后，汉武帝决定主动出兵塞外，先后指派卫青、霍去病等人为将，率领汉军进攻匈奴。霍去病部队深入戈壁沙漠，直扑匈奴单于宗室所在地，获得空前的胜利，匈奴被迫北迁，无力再威胁大汉帝国。从此，汉帝国国威大振、版图大幅扩增。

在职场上，当遭遇困难险阻时，亦当效法汉武帝主动出击、冲破逆境，甚至以小搏大的精神。

危机处理应按部就班，不可自乱阵脚。当面对逆境时首先应管控情绪，不可屈服或逃避，聚精会神苦思突围之道；紧接着，应理清思路，平静且理性地审时度势，厘清真实状况。

此后，则应搜肠刮肚地想出具创意的整体方案，且积极备战，谨记在尚未做足准备前应放低身段、姿态，争取时间养精蓄锐，不轻易显露实力；等到羽翼丰满、战力坚强后，则应主动出击，而非被动还击，更要直捣黄龙，迂回曲折反而容易贻误战机。若能如此，其结果将超乎想象，自身的潜能亦得到更大激发，能力再上层楼。

➤ 看似保险的方法并不保险

1998 年，我在摩托罗拉任手机部亚洲总裁时，便曾以进攻为防守，扳倒当时被视为不可能超越的竞争对手。当年，摩托罗拉手机全球市场占有率节节败退，大多数主管坚称衰退主因乃是工程师人数过少，导致产品品项不如竞争对手多元；但我相信，其应归咎于缺乏整体性的策略规划。

该年，摩托罗拉进行全面组织调整，手机部亚洲区总裁同时兼管全球 CDMA 手机研发。只是，摩托罗拉当时最畅销的手机为高价位的 Startec，但仅有 GSM 机种，CDMA 机种尚未研发。

CDMA 手机市场，当时以韩国市场马首是瞻，韩国企业挟先驱者优势，并以本国市场为后盾，盘踞全球市场占有率榜首，亦是摩托罗拉的最大竞争对手。靠着在韩国赚取的巨额利益，韩国的企业在美国采取低价策略，不断侵蚀摩托罗拉产品的市场占有率。

在美国市场，韩国企业并未推出低成本的 CDMA 手机，贩卖的是与韩国同款的高档手机；它们把在韩国推出的销售业绩前 4 名的 8 款高档、高价位手机，稍加改变后在美国开卖，售价远低于韩国，以在韩国赚取的利润作为进军美国市场的后盾，目的为抢攻全球市场占有率。

当时，摩托罗拉仅推出一款中价位的 CDMA 手机，在韩国企业抢占高、低价位手机市场的双重夹击下，很难获得消费者青睐。

摩托罗拉手机部工程师约 3000 人，专事研发 CDMA 手机的却仅有250人。在250人中，100人主攻美国市场，70人主攻韩国市场，主攻日本及中国市场的工程师，分别为50人和30人。而且，不同组别的工程师各自为战、拒绝整合，实难有具体作为。

当时，这250名CDMA手机工程师皆在美国，且多数为美国人，对我接管CDMA手机研发甚为不满。因为，我曾暗度陈仓私募亚洲手机研发团队，并扩充天津工厂的生产线，他们忧心我将大举裁员，转至亚洲另起炉灶，于是联名向人力资源部抗议，声称我危及美国人的就业机会，要求高层收回由我接管的成命。

此时，于1997年年末爆发的亚洲金融风暴，已蔓延至韩国；韩国经济遭重创，韩元迅速贬值，数以万计的中、小企业岌岌可危，包括若干研发CDMA技术的公司。

在摩托罗拉手机部高层会议中，主导CDMA手机研发的美洲总裁，与负责GSM手机研发的欧洲总裁，皆力主扩编工程师队伍。他们深信，这是唯一且最保险、最安全的解决方案。但我认为此举不但耗资巨大又难以快速见效，难以实现摩托罗拉订定的手机市场占有率目标，并且难以适用于CDMA手机领域。

➤ 欲釜底抽薪唯有直捣黄龙

毕竟，韩国企业已深耕CDMA手机技术多年，长期垄断韩国市场；在CDMA手机市场，摩托罗拉产品全球市场占有率每况愈下，要反败为胜颇为不易。因为媒体不断扰攘、渲染，摩托罗拉总部为此焦头烂额，"在美国建立低价位 CDMA 手机研发团队，以捍卫美国市场"占据了主流意见，并可藉此平息媒体的杂音。

但我分析此举将徒劳无功。理由无他，韩国企业垄断整个韩国市场，且已在美国市场建立坚强的滩头阵地，摩托罗拉立足点已矮人一截，不应轻启价格战；若要研发低价位手机，美国工程师的训练和经历，远不如亚洲工程师适任，加上摩托罗拉的 CDMA 研发团队如一盘散沙，纵使增援人手也只会添乱，难以扭转战局。

我主张易守为攻，强攻韩国市场，只要削弱韩国企业在母国的获利率，其在美国的低价位战略必将戛然而止；而且，想进军韩国市场，最佳利器非低价位的 CDMA 手机莫属，因此收购韩国研发 CDMA 技术的中、小企业，当下正是最佳时机。至于摩托罗拉手机部在美国的工程师，则应重新整合，专注于开发高利润的 CDMA Startec 手机。

会议结束后一个月，摩托罗拉在韩国收购了两家研发 CDMA 手机技术的小型企业，费用仅仅是欧洲总裁、美洲总裁招兵买马的 5%，而且增加了 500 名工程师；同时改变研发方向，专攻低价位的 CDMA 手机，目标订为每 6 个月在韩国、美国推出 8 款手机。

果不其然，6 个月后，韩国企业的 CDMA 手机受到摩托罗拉推出的多款低价位手机的冲击，在母国的市场占有率、利润双双下滑，已无力在美国延续低价位策略，摩托罗拉靠低价 CDMA 手机，逐步"收复失土"。10 个月后，摩托罗拉的 CDMA Startec 手机问世，在美国、韩国皆供不应求，为当时最畅销的机种。

摩托罗拉以低价位手机夺回市场占有率，并藉高价位的 CDMA

Startec 手机大幅提高利润，逼迫韩国企业只得在韩国不断降价以保住市场占有率，利润就此大减，而在美国市场亦被迫抬高手机价格，市场占有率亦随之节节下滑。

此后，在 CDMA 手机市场，摩托罗拉全球市场占有率大增。摩托罗拉的 CDMA 产品线从原本令手机部烦忧的"钱坑"，摇身变为"金母鸡"。值得一提的是，韩国企业的 CDMA 手机诸多工程师，不约而同地跳槽至摩托罗拉在韩国的设计中心；而在美国，也有多位摩托罗拉手机工程师请求转调隶属亚洲区的 CDMA 手机研发团队！

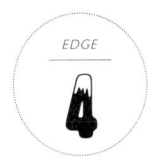

EDGE

4

赢在拐点，活出与众不同

成功的人不是赢在起点，而是赢在拐点。

对于未来，越来越多的青年感到茫然，严重缺乏热情、动力，这是举世皆然的光景。这些年轻人对"成功人士"的认知则是，若非家族庇荫便是天资、运气过人，似乎天生注定享受荣华富贵。只是他们多半仅瞥见浮光掠影，实情并非如此。

诚然，在成功人士中不乏诸多富二代，但白手起家的企业家仍多得数不胜数。例如，阿里巴巴的马云原是中学老师，香港首富李嘉诚早年当过贩卖纸花的小贩，台湾首富郭台铭起初只是个骑摩托车的业务员。

马云、李嘉诚、郭台铭皆未赢在起点，而是赢在拐点，即在关键时刻所呈现出来的人生转折点。唯有赢在拐点，方可活出与众不同。三人皆出身平凡寒微的家庭，学历更无过人之处，亦无高亲贵友；他们能创建庞大的事业无敌舰队，唯一可凭借的是——勇敢地为理想而活，即使内心充满惶恐，且无人支持、援助，依然坚持向着目标前进。

今天，许多父母深恐孩子输在起点，拼命将孩子的时间填满，安排数不尽的补习课程，期许其课业成绩超越同侪，却未曾思量过，如何训练、培养孩子赢在拐点的能力。

➤ 成功者需倾听内心的声音

想要赢在拐点，除了得有崇高的理想，还得倾听内心的声音，忍受特立独行的孤寂。走过数十年职业生涯，我深深相信，当下的工作、生活都仅仅是活出与众不同的载体，人生的价值在于创新，最好的创新来自内心的热情；成功者无不时时关照自己的内心，不理会外在世界的噪音和咆哮。

爱因斯坦（Albert Einstein）无疑是当今最伟大的科学家之一，亦是当代物理学的重要奠基者。相对于其他科学家，爱因斯坦并非出身最顶尖的名校，甚至曾数年谋不到一席教职，只能委身在瑞士专利局，利用闲暇研究物理学；但他输在起点却能赢在拐点，成为物理学领域光耀万世的巨星。

归纳爱因斯坦的生涯，其成功因素无非忠于所长、坚持执着，他擅长思考，长时间在脑海中进行思考实验；他更以专注著称，花10年时间思考一个议题；且他还顺从本性，他的个性为不满现状、挑战权威，勇于按照内心的指引，去追逐自己的梦想。

爱因斯坦为理论物理学家，以心无旁骛、无视周遭著称，绝大多数时间皆在思考物理问题；先后创立"狭义相对论"（special theory of relativity）、"广义相对论"（general theory of relativity），从

36 岁直到辞世，则专心建构统一场论（unified field theory）。

最终，爱因斯坦迎来绽放光芒的拐点。20 世纪初期，发现放射线元素，牛顿以后的古典物理学已无法圆满解释，多数物理学家仍怯于挑战古典物理学，正逢物理学新旧典范交替的最佳时机。爱因斯坦顺从本性而无所畏惧、勇于挑战权威，其狭义相对论于此时横空出世，让他从无名小卒成为科学巨擘，就此开创物理学新格局。

我的职业生涯亦非赢在起点，而是赢在拐点。我从中国台湾负笈美国就读罗格斯大学，罗格斯大学排名虽不低，但与斯坦福、麻省理工学院等相比仍有一段距离；职业生涯出发于正在走下坡的 RCA，学习的也是即将被淘汰的半导体技术，起点并不理想。

在创业之前，每一个拐点皆是我拾级而上的阶梯，总计共获得 15 次成功，每一次成功皆比上一次更巨大。这 28 年的职业生涯，可分为工程师、经理人、高级主管等三阶段，时间分别为 6 年、10 年、12 年。

➢ 从成功到失败再到成功

在工程师阶段，我先后担任过初级设计工程师（Junior Design Engineer）、设计工程师（Design Engineer）、高级工程师（Senior Design Engineer）等职。在经理人阶段，我相继被派任为项目设计经理（Project Design Manager）、工程部总监（Director of Engineering）及技术副总裁（VP of Technical Staff）等职。在高级主管阶段，1990 年至 1994 年，我担任摩托罗拉的 FSRAM 事业部全球总经理；

赢在扭转力

从 1995 年至 2002 年，则担任摩托罗拉手机部亚洲总裁。

2003 年，我伙同友人，在上海创立上海毅仁信息科技（E28 Limited），担任董事长兼 CEO 成为一位企业家。没想到此后 10 年，却接连遭遇 10 次失败，直到最后一次才获得成功。2014 年后，我转为社会贡献家，以毕生知识、经验、领悟，为年轻人提供咨询服务。

进入职场近 40 年，前 20 年主要工作地点在美国，且皆在半导体领域；之后 19 年工作地点迁至中国，投身通信产业。令我心存感恩的是，除了职位持续向上攀升，研发成果亦备受肯定；不仅拥有 9 项全球专利，iRAM 获美国 *Electronics* 杂志推崇为当年"最佳产品设计"，还发表过 30 篇专业论文，其中一篇更于 1986 年获得 IEEE（Institute of Electrical and Electronics Engineers，电机电子工程师学会）最佳论文奖。

足堪注记的里程碑，包括在 1983 年获英特尔总裁葛洛夫颁发"i-RAM 之父"的奖状；在 1990 年获中国台湾新竹交通大学杰出校友奖；因成功推动手机中文化，2001 年获摩托罗拉 CEO 颁发"太极手机中文化之父"奖状；2004 年，因推动手机结合 Linux 系统，被业界公推为"Linux 智能手机之父"。

总结我的职业生涯，身份从专业者晋阶至管理者，贯通技术研发、企业管理，先从事半导体业后跳入通信业，历练过硬件、软件两大产业；而出身东方社会的我，先在西方社会的大企业任职，事业战场再转移至东方社会，并选择于此创业，深谙东方与西方、美国与中华文化的差异，及大型和小型企业之资源落差。

我亦非一帆风顺，亦经历从成功到失败再到成功的坎坷路程，对成功、失败皆深有体悟。当下，我已由科技业跨入咨询业，尝试传授企业管理、职业生涯经验，以及人生智慧，继续迎接新的挑战。

➤ 工作是实现理想的载体

在职业生涯的每个阶段，我竭尽所能做好 3 件事：设计、塑造、学习。无论在哪一个职位，无不先绞尽脑汁构思设计。在工程师阶段，致力设计产品；在经理人阶段，用心设计团队组织；在高级主管阶段，积极设计新的商业模式；在企业家阶段，首重设计经营理念。此后，则在此基础上开始塑造，努力做到最好、最精，并使其壮大，最后无论成功或失败，都得从经验中汲取教训。

面对拐点，我与大多数人无异，同样视其为困局；不同的是，虽然备感煎熬、进退维谷，但我却总是热情洋溢、斗志昂扬。因为，每一个拐点总迫使我另辟蹊径或采用新的设计或构思新的策略，激发我发挥潜能，改变、丰富了我的人生；不仅学习到更多知识，亦对企管、商战有了更深的体悟，让我的本质、个性益发鲜明，逐步打造起具公信力的个人品牌。

倘若在工作中，能时时不忘激励自己，对事物适时抱持怀疑态度，切忌相信一切皆理所当然，当面对拐点时愿意采用与他人不同的策略处理危机；如此，工作将不再只是一份挣钱的工作，而是实现热情、理想的载体，每个拐点将不再是路障，而是迈向与众不同的阶梯。

　　但我必须强调，成功的真正定义，并非对物质、地位的追求，而是来自于与昔日的自我比较，只要每天都有进步就会涌现出成就感；如果一味与他人相比，便容易急功近利、不择手段，这并非与众不同的本意。只要善用你的才干、个性、资源，你就能活出与众不同，且无高低之分，若从此角度来衡量，每个人都可是艺术精品。

　　特别补充的是，若想要在职场与众不同，就得拥有同业者所没有的特色；企业若具备同业者所无、原本消费行为以外的卖点，就可望麻雀变凤凰，从小公司壮大为超级企业。例如，咖啡店何止千万间，但星巴克（Starbucks）在全球枝繁叶茂，即在于其不只是咖啡店，更是上班族暂歇的行动办公室。

　　在 ICT 产业，没有一家企业如苹果一般拥有众多的忠实支持者，关键在于 iPhone 并不是手机而已，更是让碎片时代的人整合生活的利器。阿里巴巴成功之处在于，不仅仅是网络商城亦兼具在线银行；腾讯在网络服务业中异军突起，便在于兼具邮局、电信公司的功能，方得以与众不同。上述公司亦是企业在面对 XQ 时代赢在拐点的最佳范例。

情况领导力，考验你能一心多用吗

你的带宽有多少？（How wide is your bandwidth？）

职场与学校的差异之处颇多，其中之一在于学生只需专心读书，而上班族职位越高，所负责的业务则越多越杂；如果无法练就一心多用，注定疲于奔命、难得喘息，甚至升迁受限。

例如，一位研发经理带领一个 15 人的研发团队，为了冲刺绩效每天拼命工作，自上任之后平均每周工作近 70 个小时，几乎没有休假。研发经理满心以为，其团队绩效超越其他团队，与同级主管相比，更有机会向上攀登，晋级管理超过 60 人的大团队。

➤ 绩效考核涵括未来潜能

然而，事与愿违，获得拔擢的是另一位经理，这让研发经理百思不得其解。其实，在企业高层眼中，研发经理当下已竭尽所能，倘若再上一层楼势必左支右绌、力有未逮。他们最欣赏的人才当是工作游刃有余，还可支持其他团队者。

据统计，企业高级主管平均每天得做出 50 个左右的决定，有时更得同时进行数个决定；唯拥有足够的带宽，方可有条不紊地处理每件事，快速做出正确的决定。在此，带宽是指同时处理多少件事的能力。倘若带宽不足将备极艰辛，带宽倘若超越他人，成就将无可限量。

一家上轨道、正派经营的企业，高级主管对中、初级主管的审核，70% 视其当下的业绩表现，另 30% 则视其潜能；潜能是指可能在未来发挥的能力，以及有无在 5 年内连升三级的可能性。

衡量主管领导力的高低，唯一标准乃是效益。一位优秀的经理人，在不同情况下或面对不同的人、事、物时，应审度任务的轻重缓急与相关人等关系的远近亲疏，适时、灵活地调整领导风格和模式，以强化领导效益，不可墨守成规，一条路走到黑。此种应变能力，称为情况领导力。

情况领导力的关键在于，一位经理人应视情况决定领导风格，方能以最有效益的方式完成任务、抵达目标，不可企图以个人领导风格来改变情况，否则不仅将事倍功半，甚至是自寻烦恼、自寻死路。

➤ 四种领导情境

一支部队正与敌军展开殊死较量，司令与幕僚多番沙盘推演，发现胜利的唯一可能必须在半个小时内攻占某个山头，除此别无他法。此任务万分紧急，更可能是最关键的一役，关系整体战局的成败。

此时，我军正有另一支部队在此山头周遭作战，指挥官为司令军校同班同学兼好友；司令立即透过军事通信联系指挥官，从电话中，可清楚听到此起彼落的枪炮声，热战正酣。

司令将战略部署告知指挥官，指挥官不假思索地一口回绝，因为指挥官的部队已连续作战两天两夜，官兵死伤惨重，他希望让将士休整半天后再执行此任务。但司令深知此任务不容拖延，且无任何替代方案。于是，无法再顾及两人昔日的交情，只能果断地告诉指挥官："在半小时内你若不率部队攻占山头，我以抗命枪毙你，这是命令！"语毕便挂上电话。

在战场上，　·仁之念可能导致无可收拾的后果。因此，从整体战局着想，司令当机立断，将执行任务置于两人关系之上，此领导风格为指导型，领导模式为命令。

在职场上，情况领导力亦是决定职业人士命运的关键因素。一家企业负责人察觉到，若可顺利开展一项全新的业务，不仅企业营业额水涨船高，且规模、知名度将不可同日而语；根据专业评估，开展新业务的最佳地点并不在总部所在地，而是另一个城市。

由于负责人无法"御驾亲征"，必得派遣忠诚度高、可独当一面的高管推动此项全新业务。经与人事部门几番商议，认定张总经理为不二人选。张总经理原已是负责人属意的最佳接班人，若论威望、人脉、贡献，企业内无人可出其右；只是，他与妻子都是本地人，小孩亦在本地就学，外派意愿应该不高。

虽说新业务堪称企业新命脉，但欲速则不达，一切仍得从长计议。

负责人反复思量，此计划只准成功不许失败，任务成功与否的关键人物正是张总经理。但张总经理是不可或缺的重要经理人，在业界亦声名卓著，只能动之以情、说之以理；若用命令方式，有可能反倒迫使他跳槽。

负责人约谈张总经理，首先大大肯定其能力、才干以及多年来对公司的贡献，接着语气恳切地谈及新业务，及新业务对公司发展的重要性；张总经理频频点头深感认同。最后，负责人才提出，希望由他执行此计划，若此计划完满、成功，更可降低他接掌企业的阻力和异议。

张总经理虽然心动，却颇为犹豫。负责人深知张总经理不愿单身赴任，应允他若愿派驻另一个城市，可带妻子、孩子同往，公司将全力协助解决居住、教育等相关问题；因已无后顾之忧，张总经理遂慨然应允外派任务。这里，负责人采用的就是影响型领导风格，其领导模式为推销。

上司对下属得施展情况领导力，经理人若需同级别主管的支援，亦需运用情况领导力。在某家企业，其销售业绩与产品良莠关系密切，营销人员面对客户时有时亦得仰仗研发人员排难解纷；营销经理无法参与研发部门的计划，为创造更佳的业绩，只得另想办法影响研发部门的研发方向。

对营销经理而言，此计划虽非既定的年度计划，却是越快施行越佳。营销经理与研发经理商议，两人定时会面、交换意见；在会面时，营销经理将搜集来的公司产品的市场评价等相关资料，详实地告知研发经理，以期获得共鸣。

此后，营销经理与研发经理从原本交情普通的同事，晋升为休戚与共的战略伙伴，研发经理亦得以将研发方向不断向市场需求靠拢，两个部门交流合作更为密切，公司业绩亦随之续创新高。营销经理应用的是合作型领导，其领导模式近乎启发。

并非只在关键时刻情况领导力方有用武之地，在寻常时刻亦有益于企业运作。在某家企业中，工厂厂长是最资深的员工，担任厂长已十余年，工厂大、小事无不娴熟于胸，深受部属爱戴；工厂主要业务为支持研发部门项目，厂长安分守己，不掺和任何是非。企业主信赖厂长，将工厂运作全权委任厂长；每隔3个月才与厂长进行午餐会议，听厂长简述工厂近况。企业主在此采取的是委托型领导，领导模式为委任。

在不同情况下，经理人必须视情况调整最适切的领导风格，不能长时间保持同一种领导风格，管理不同专业与不同经验和水平的员工，管理模式也得视情况修正，切忌不知变通。

➤ 领导风格分四大类

上述4个故事大致涵括了职场的主要情境，现将不同领导风格对应的任务和关系简述如下：

一是高任务、低关系时，须采用指导型领导，领导模式为命令。特点为果断、坚决，经理人形象为有勇气、尊重人、经验丰富，但有时令部属感到畏惧。

二是高任务、高关系时，须采用影响型领导，领导模式为营销。特点为能力强、具同理心，经理人形象为忠诚、灵敏、关心人、尊重人、懂得振奋人心，更深谙如何提高部属工作技能。

三是低任务、高关系时，须采用合作型领导，领导模式为启发。特点为深具魅力、聪慧明智，经理人形象为谦逊、眼光远、善于革新、专业能力强、富有挑战精神。

四是低任务、低关系时，须采用委托型领导，领导模式为委任。特点为分工授权，经理人形象为追求卓越，言必行、行必果，且可让部属以身为部门、企业一员为荣。

在担任摩托罗拉手机部亚洲总裁时，我曾靠着收购数家专攻CDMA技术的小公司，击退原本称霸CDMA手机市场的韩国企业，重新赢得主导权。此后，摩托罗拉手机部不断在亚洲各国家和地区扩张版图，在中国大陆、中国台湾、中国香港，以及日本、韩国、印度、新加坡，皆设有分部，也将管辖范围扩至澳洲。

单在中国大陆，摩托罗拉手机部便于上海、成都、广州、北京，设立东区、西区、南区、北区据点，并有40多个大、小经销商，代理商更遍布全国；在各大城市，更设立了500多家专卖店。设于天津的工厂，生产线更从一条激增至80条。

此时，摩托罗拉手机部更分别在中国北京，韩国和新加坡成立设计研发中心。北京负责研发GSM汉语、高级手机与太极智能手机，韩国专攻CDMA初级手机，新加坡第一要务则是研发GSM初级手机。此外，芝加哥还有一组研发人员支持亚洲区，是研发CDMA高端手机的生力军。

随着摩托罗拉亚洲通信业务蒸蒸日上，我需要更多人才相助。在中国大陆，需可稳住 GSM 手机业务，并凝聚员工向心力的人才；在韩国，需要肯冲锋陷阵的大将，以建立 CDMA 手机研发的滩头堡；在美国，需要可整合设计工程师的管理者，以强化、扩大 CDMA Startec 手机研发的领先优势。

而在中国台湾，则需要可拓展 GSM 手机的代工业务人员，更期许他能想出突破性的合作模式。除此，在韩国、美国还需要擅长培养、激励新人的人力资源专才，以扩大摩托罗拉在 CDMA 手机研发领域的优势。

幸而，在此关键时刻按才授职 5 位美国籍的经理人，称职地肩负起这些任务，更使得摩托罗拉手机部在亚洲的业务得以百尺竿头再进一步。面对部门如此多元的业务需求，我不但得一心多用，还随时紧盯各国的情况变化，适时调整领导风格，确保各项业务得以顺利推展！

情感延迟满足（EQ），变商（XQ）发力的前奏曲

IQ 让人找到工作，EQ 助人稳定成长，XQ 使人无往不利。

西方有句谚语："我宁可尝试伟大的事情而失败，也不愿无所事事而成功。"（I rather attempt to do something great and fail, than attempt to do nothing and succeed.）通往成功的道路多半得历经多次的失败，然而许多人因为害怕失败选择了放弃尝试；其实失败并不可悲，真正可悲的是放弃。

许多成功人士被问及成功秘诀时，共同的特点是执着、坚持。执着是指当自己的理念、信念遭受严峻挑战时，依然不改其志奋力前行；坚持则是指遭遇困难、险阻时，即使备受打击仍有勇气冲破逆境。

➤ 关键时刻尤重情绪管理

然而，若要长期维持执着和坚持，就得学习管理各种突发的情绪。在平时，多数团队和组织的成员，无不心平气和、举措合宜，彼此互动顺畅愉快；但当危机时刻到来，压力也排山倒海而至时，陆续会有成员惶恐不安、疑神疑鬼，甚至对公司失去信心。

在企业，想成为一位稳定成长的优秀主管，高 IQ 仅是次要条件，高 EQ 才是首要条件；得胜不骄、败而不馁，不陷在负面情绪中，更需适时帮助部属脱离负面情绪。

此时，若主管能鼓舞士气，团队便有机会克服危机迈向成功，亦可能就此踏上更宽广的坦途；若连领导人也惶惶不可终日，甚至忙着切割、推诿，团队必定更加紊乱，不进反退，最终必将步入失败。

东汉末年，曹操扫荡华北群雄后，随即大举挥师南下，原本以众击寡，志在必得，却遭孙权、刘备连手击溃，兵败赤壁死伤惨重；赤壁之战后，曹操的军队仓皇逃窜，诸将莫不相互指责，内战一触即发。

眼见诸将龃龉，曹操却狂笑道："胜败乃兵家常事。此次惨败，实为我轻敌之过，与诸位无关。之前，你们与我打过数百场胜仗，输了一次又如何？我们依然兵多将广、幅员广袤，只要稍加休整，未来定可报仇雪恨。"

他的一席话，让诸将士精神为之一振，军容整齐地返回华北。赤壁战败，曹操理应受创最深、最巨，但却能实时重整情绪，不再忿怒、沮丧，也不责罚部属，反而勤加勉励，深具领导者不可或缺的激励能力与魅力。

因此，曹操并未就此衰落，一直到三国时代，由曹家建立的魏帝国、面积、人口、国力向为三国之首；而接续魏帝国的晋帝国，更迅速剿灭蜀汉、东吴，完成统一大业。

➤ 自我锻炼"情感延迟满足"

棒球、篮球、曲棍球、美式足球，并称美国四大职业运动；其中，又以职业篮球的国际化最深、最广，其最大功臣非"篮球大帝"乔丹（Michael Jordan）莫属。乔丹堪称篮球史上最伟大的球员，他曾率领芝加哥公牛队，6次打进NBA总决赛、6次夺下总冠军，他也是6次获得冠军赛最有价值球员（MVP）。

在NBA史上，乔丹生涯攻守记录、冠军戒指数，虽皆名列前茅，却并非样样第一；单看统计数字，有人总得分超越他，有人冠军戒指比他更多，但乔丹的成就却依然无人能及。

乔丹伟大之处在于，在重要赛事的关键时刻，尤其是季后赛，当棋逢对手、赛事陷入胶着时，球迷紧张万分，多数球员心跳加速、球技大打折扣时，乔丹却越战越勇，抗压性过人。

于是，芝加哥公牛队几乎将比赛决胜球交由乔丹操刀，对手虽派防守悍将阻挠，但乔丹却能屡屡克敌制胜，无人匹敌。乔丹的伟大不仅在于球技高超，而在于其卓越不凡的情绪领导力以及胆识领导，让芝加哥公牛队从万年烂队，跃居NBA史上最强悍的劲旅。

想要有高EQ就得学会管理情绪，最佳锻炼方式是"情感延迟满足"。在EQ与情绪领导力上，美国保险业者堪称全球的先行者，其与斯坦福大学心理学家合作，进行长时间的实验、追踪，证实EQ高低与职场成败息息相关。

这项实验始于1972年，对象为600位4～6岁的儿童，所有儿童被告知将可获赠棉花糖，但有两个选择：第一个选择为可立即拿到棉花糖，但仅能拿到一颗；第二个选择为20分钟后才能拿到棉花糖，但可拿到两颗。

前者为情感立即满足，后者为情感延迟满足。根据1988年、1990年与2011年的追踪，显示当年选择后者的儿童，无论薪资收入、教育水平、社会地位，大多比选择前者的儿童为高，药物成瘾的比例则低许多；证明情绪管理的差异影响受测儿童的一生。

依照最新的医学研究，若扫描人脑结构，情感偏向立即满足者的脑细胞互动模式，迥异于情感偏向延迟满足者，但其互动模式并非天生，可后天训练。一位脑神经科学家指出，若懂得情绪管理、专注执着、与他人合作，更易生活幸福、事业成功，其重要性更甚于学业成绩。

➤ 纵使失败，亦远胜于放弃

只要心怀坚定的信念（conviction），就可抑制情感立即满足的欲望，改变脑细胞的互动模式，成为高EQ者。当遭逢困境或逆境时，因自信，脑中可勾勒比现在更光明、更美好的未来，并坚信只要勇往直前便可让梦想成真；而在圆梦的过程中，唯有仰仗过人的热情和意志力，方可风雨不惊、直到天晴。

当梦想越明晰、越靠近时，热情将越来越炽烈，信念也越来越强大；而智者深知，机会常常是蕴藏在危机之后的，因此高EQ者善于顺应变迁，深刻认知到改变是世界上唯一不变的事实，顺应并期待变迁发生，并透过变迁超越自己、超越竞争者。

悲观主义者的EQ多半较低，信念也相当模糊，甚至完全没有信念，当环境剧烈变化时，理性思考能力薄弱，个性孤独不群、易受挫折且顽固不化；遭遇巨大压力时，因循苟且并软弱无能，坐看危机扩大，常等同于失败者。

相对的，乐观主义者多半EQ较高，信念坚强，当环境剧烈变化时仍能维持理性思考，且充满冒险精神，愿意适应变化，视失败为建设性经验，是过程而非结果，最后终将成功。

总结我的职场经验，深刻的感受是不要害怕失败，纵使是失败也远远强过放弃，过程中获得的宝贵经验，正是通往成功的重要基石。如果害怕失败、一味逃避，终将一事无成、庸碌一生；倘若屈服于失败、受制于环境，则难逃自我毁灭、孤独抑郁。但只要能记取失败的教训，便有机会化危机为转机，逃脱逆境迈向成功。

成功没有快捷方式，几乎所有成功者皆勇于行动，屡败屡战。我常建议年轻人，不要让"失败的恐惧"成为尝试新事物的绊脚石；与其一生逃避失败，还不如痛痛快快地失败一次，便可治愈失败恐惧症，加快迈向成功的速度。

美国的硅谷执全球资通信产业之牛耳，在硅谷，人人尊敬曾经失败过的人，多数的创投公司是不投资没有失败经验的创业家的。硅谷精神一言以蔽之：It is OK to fail. 正因为不畏失败、勇于尝试，硅谷迄今仍是全球产业创新的火车头！

EDGE

7

典范转移，改变与应变之道

> 企业或个人要大步前进或转变跑道，决定于目标客户
> 的需求变化。管理客户，首重管理其变化。

成功固然困难，突破更是不易。个人如此，企业亦然。诸多事业有成的个人和企业常常容易遗忘非常重要的一点："变，是世界唯一不变的真理。"

今天，不仅时代潮流、产业结构变化速度加剧，昔日的成功模式也不见得可继续沿用。即使获得升迁，因位置不同，若无法适应随之而来的改变，恐怕再度升迁亦是缘木求鱼。

几乎每一家规模较大、历史较久的企业，都有此生晋升无望的"万年课长""万年助理"。他们多半曾为企业立下汗马功劳，但被拔擢为主管后却不懂得改变管理方式，应付日常庶务已左支右绌、心力交瘁，年纪尚轻，职业生涯却已走到顶点。

➤ 交替使用"惯性思考""逆向思考"

我常提醒年轻人，成功本身已是改变，且将带来一连串更巨大的改变，在所有改变中需要特别关注的当属人的变化，包括上司、客户、消费者等。当职位再上层楼或事业蓬勃发展时，必须接触、面对的人不仅更多，其能力、素质、视野层次也将提高，唯有懂得管理改变的情境，方可避免职业生涯停滞，不断再创新机。

改变是塑造未来的要素，改变分两类：

一是顺趋势（trends）。是在既有的数据中，用理性的延伸来预测未来，也是最常用来讨论、叙述改变的。

二是反趋势（anti-trend）。即颠覆现有的趋势、轨道，重新创造出新的趋势及轨道。

时代、产业趋势变化的速度越来越快，今日的潮流到了明日可能已是历史，个人、企业成败的关键便在于能否认清自己的方向，或顺应趋势大步前进，或逆趋势以求生存、努力创造新的趋势和轨道。

顺应趋势时应采用"惯性思考模式"，逆趋势时则应采用"逆向思考模式"。企业和职业人士若想长期成功，就得学会审度时机交替采用惯性思考模式和逆向思考模式，不可固守单一的思考模式。

惯性思考模式的特点在于，方方面面皆竭尽努力以求全面发展，相信一分耕耘一分收获，只要比竞争对手努力便可在商战中胜出，即使流程再复杂，亦坚持走完所有流程；有时更认同流程越繁杂，产品、服务竞争力越高，致力于做得大、做得广、生产更多产品、开发更多客户，以期把握每一次机会。

逆向思考模式的特点则在于多思考，不穷忙与瞎忙，推崇区分原则，选择从事最得心应手、最感兴趣且有价值的事，在少数领域发展核心专长，并积极化繁为简，尝试寻找解决问题的快捷方式，倾尽全力做得深、做得透，并培养孕育过人的创造力，打造开创新市场的领先产品。

➤ 自满是成功者最大的陷阱

想要擅长"管理改变"，就得先了解"典范转移模式"（paradigm shift model）。典范原为科技哲学术语，指在某研究社群中，大多数成员认可的信念、价值与研究方法。后广泛应用于其他领域，泛指被视为榜样的行为和反应。

可用二维平面图解释典范转移模式的变化。典范发展的过程当为 S 曲线，X 轴为时间，Y 轴为需解决的问题数量；S 曲线可分为三阶段，由左至右，依次为"探索期""快速发展期""成熟期"。

在"探索期"（即 S 曲线中前面部分），不同的个人、企业尝试以不同方式解决问题，因为对问题的本质不甚了解，或尚未发明快速、有效的工具，解决问题速度较慢或压根无法解决，所以在探索期要用逆向思考。

进入"快速发展期"（即 S 曲线中间部分）后，错误方式陆续遭到淘汰，并确立了统一、有效的解题方案（即典范），解决问题速度将大幅提升；无论个人还是企业，发展都将顺风顺水，故在发展期要用惯性思考。

但典范并非金科玉律，也非科学原理，终将进入"成熟期"（即 S 曲线中后面部分）。当成熟期已届满，需解决的问题可能越来越少，但新遭遇的问题不是特别复杂便是特别困难，解决问题的时间越拉越长，甚至有若干问题完全无法解决。

此时，如果仍固守旧有概念，不愿改弦易辙寻找新典范，不敢鼓起勇气重新跨入探索期进行逆向思考、重新创造自己，不仅发展将停滞不前，甚至可能遭到无情的淘汰。这意味着，当成功者志得意满之日常忽略外在的改变，不知不觉地走向衰亡。昔日成就越高的个人、企业，通常越坚持旧有的典范，导致错过转型改造的最佳契机！

➤ 创造典范即可领导产业

计算机架构大战、手机定位大战、复印机价格大战、无线上网生态系统大战，皆是当代产业发展的重要里程碑，胜利者无不是深谙典范转移模式的企业。

20 世纪 70 年代，计算机产业霸主非 IBM 莫属。当时，IBM 身兼大型计算机 CPU、软件龙头，还有竞争对手难以匹敌的营销团队；当时，除了 IBM 的维修人员，即使是使用者也不被允许拆解 IBM 的计算机，否则将取消保固资格，更使其垄断性地位无可撼摇。

相对于超级帝国的 IBM，刚创立不久、专事生产个人计算机的苹果，不过是散兵游勇，两者资源相差何止万倍；但苹果却靠着创造新的典范掀起计算机架构大战，并获得压倒性的胜利，更逼使 IBM 扬弃旧的典范。

因为缺乏资源，苹果无法自行研发微处理器，于是向摩托罗拉订购；无力组建软件工程师团队，选择与微软合作；也难以如 IBM 般自产自销，遂转而委托零售店销售。但特别的是，苹果为了吸引更多使用者，特别设计、生产容易拆解的计算机，并内建空的插卡槽（card slot），方便使用者根据各人喜好扩充计算机的功能。

苹果以其产品价格低、灵活度高，可根据使用者偏好进行调整，吸引了诸多原本未曾接触计算机的族群，引发并赢得计算机架构大战，由此建立了引领风骚迄今的个人计算机产业。

随着苹果计算机广受欢迎，越来越多计算机公司仿照其营运模式，新的典范正式登场，IBM 的典范只能黯然退位。1975 年时并无个人计算机市场一词，但到了 1985 年其产值已高达 200 亿美元。

手机产业发展至今，历经两次典范转移。初期摩托罗拉为无线通信产品的创新者、领导者，手机定位为商务机，主要用于洽谈业务，各厂商致力于开发高质量、高价位的新机种。但在商务机普及后，众多消费者期待功能与室内电话无异的手机可用来聊天，诺基亚推出多样性、低价位的普及机，让一般消费者也买得起，引爆全球手机消费狂潮，一举跃居手机产业的王者。

在有线网络引导的商业模式发展渐趋成熟后，无线网络带来新的商机，需求随之兴起。苹果推出结合无线网络的智能型手机 iPhone，将其定位为云端机，积极研发可驱动并整合苹果终端产品与云端商店的软件iTunes，并建立以娱乐、购物为主题的多媒体内容商店iStore，开创潜力无穷的手游商机，彻底翻转手机产业的结构。迄今，苹果仍执手机产业之牛耳，亦建立起智能型手机产业"云端落地"的商业模式。

早年，在个人计算机尚未普及前，复印机是企业办公不可或缺的设备，却也因是昂贵的奢侈品，大多数中、小企业只买得起一台复印机。在复印机前时常可见各部门员工大排长龙，等待时间远远超过影印时间，严重影响工作效率。

在1980年，被誉为复印机产业一代天骄的全录（Xerox），在屡屡遭到客诉，派出客服团队观察、研究复印机消费者的使用行为后，仍采用惯性思维不愿改弦易辙；在呈给总部的报告中，建议研发更大、更贵、更快、更复杂的复印机，方可解决排队影印的问题。然而，全录虽不断精进影印技术、加快影印速度，却仍然无法根绝客户的抱怨。

1985年，准备进军复印机市场的佳能（Canon），派员进行市场调查，并用逆向思维观察使用者的行为后得出与全录截然不同的结论：大多数人通常只影印数页数据，复印机前出现人龙，并非复印机影印速度太慢，而是复印机功能过于精密、复杂，每位使用者操作时间过长。

于是，佳能研发功能简易但价格相对低廉的机种，只要稍具规模的企业，每个部门都可添购一台，复印机前排队的长度立即大幅缩减。

不出几年，佳能复印机市场占有率便超越全录称雄复印机产业。

至于无线上网生态系统大战，则是后信息时代最引人注目的产业典范战争。无线上网确定成为信息、通信产业趋势，所有信息、通信巨擘纷纷以惯性思维投入；唯有苹果虽非技术原创者，却利用逆向思维改写无线上网典范，迄今亦唯有苹果可全面称霸云端、终端，令竞争对手望尘莫及。

➤ 个人工作的典范转移

在我任职摩托罗拉FSRAM事业部全球总经理时，便曾应用典范转移模式度过新官上任的磨合期，并带领部门业绩从谷底直冲云霄。

在晋升FSRAM事业部全球总经理之前，我的职位为摩托罗拉的技术副总裁，仅负责工程部门，只需对一位上司负责，此时我的上司便是我唯一的客户，工作相对单纯；但在升职后，直接面对的上司约5人，还得管辖人事、营销、业务等部门，更得直接面对客户，接触的人、事、物，皆更为繁杂，初期颇感棘手，且屡有治丝益棼之叹。当时的我并未认识到，升职意味着我的客户群的质与量与往昔大异其趣。

刚接手FSRAM事业部全球总经理的我，仍以惯性思维的技术本位来待人、接物、治事，不懂因时制宜，于是处处碰壁、深感挫折。例如，半导体产品上市前都得历经封装、测试，不同的封装就得应用不同的测试设备，只要差之毫厘便失之千里，影响利润甚巨；前3个月我可以说随时、事事过问，但由于其为高度专业的工作，常感力不从心，几乎影响到我的精神状况。

最后，我接受了上司的建议，决定增聘一位相关领域的专家，协助我管理生产线，才让我的工作步上轨道，可以腾出手脚、时间以逆向思维重新拟定 FSRAM 事业部之方向、重心，方有机会在计算机产业潮流交替之际，随着新浪潮快速攀登巅峰。

创业，一生中最糟也是最好的决定

一个未曾失败过的人生，就不算是完整、美好的人生。

2002 年年底我辞去摩托罗拉手机部亚洲总裁，于 2003 年年初在上海创办"上海毅仁"（E28），担任董事长及 CEO。在中国大陆创业，堪称我一生最糟糕但也是最好的决定。

创立 E28 为什么是我一生中最糟糕的决定？

因为在创立 E28 之前，从求学到就业虽曾遭遇许多艰难，但终究都可化险为夷、转败为胜，堪称一帆风顺；创业前我未曾尝过真正的失败，所以 E28 的接连失利让我措手不及、挫折不已。

以前，即使再大的危机、挑战横在眼前，至多两年便可克服；但创业后却非如此，总是屡战屡败，不但我自己难以相信，也让追随我的朋友、部属深感失望，陆续有人挂冠求去。许多朋友、部属也因为相信我的理想，辞去原有的工作加入 E28。没想到 E28 成立之后却接连遭遇 10 次失败。

创立 E28 为什么是我一生中最好的决定？

首先，E28虽然连连失败，最后仍以成功收场，为中国某知名大型企业收购；其次，此次创业经验，让我对人生、职场有了全新、更平衡、更完善的见解，我的人生上半场是以追求职场上的成就为目的，人生中场是在创业中度过；最后，在这中场的操练中，让我发现人生的真正意义与人生下半场的新目标——成为一个社会贡献者。

➤ 创业前万事皆备

1995年就任摩托罗拉手机部亚洲总裁，到2002年辞职，此段经历占据人生7年的光阴。当我离职时，部门营收从就任时的2亿美元成长至40亿美元，更全权负责亚洲区的手机销售，与亚洲的自主研发、生产及营销，更在中国北京、韩国、日本、新加坡建立手机研发中心，研发出第一款中文智能型手机，中国天津更成为摩托罗拉唯一的手机生产基地。

2000年至2002年，在摩托罗拉营运最艰辛的3年，我带领的部门更贡献全球总公司的大部分盈余。在大中华区，摩托罗拉手机市场占有率攀至第一，胜过第二名的厂商10%；负责研发的CDMA手机，销售量更领先其他厂商，市场占有率亦高居首位。

更重要的是，此部门为摩托罗拉引进并培养众多亚洲本地精英，在研发、生产、营销、财务、人事等领域皆大放光彩，贡献卓著；并在亚洲各国建立起多面向的合作关系，开创手机厂商ODM的商业模式，更深入探索云端对终端的技术与商业模式。

　　此时，在他人眼中我堪称功成名就，但我却无法以此自满，甚至对未来感到茫然。因为，热爱实务工作的我深知，倘若留在原职很难再创造突破性的功绩；若获得拔擢职衔再上层楼，虽位更高、权更重，但可能就此远离实务不再面对产品，不必再思索创新和商业模式，却得面对媒体与华尔街投资者，整日接触商场权术，这与我的志趣完全悖离。

　　我在摩托罗拉已位居要津，倘若不离职，还可望继续向上升迁；纵使不升迁，原来职位已令人艳羡，亦可安居直至退休，实不必冒险离职、创业，且一切得从零开始，成败未卜、风险难测。

　　但在国际大企业中，职位越高距离实务就越远，这和我的个性相违；加上我深信无线上网将是信息、通信产业未来的主流趋势，此时若自立门户，有机会在云端、终端领域占有一席之地。

　　自投入职场以来，我一直站在英特尔、摩托罗拉等企业巨擘的肩膀上，有着强大的后援；不免偶思若无强大后援的我，是否仍可创下佳绩？当我领悟到无线上网将是信息、通信产业的主流，我仿佛看到一线曙光，终于决定放手一搏自行创业，当一位市场的挑战者。

　　决定创业后，一次巧遇，与同为师大附中实验班、事业有成的同班好友重逢。从初中到高中我与他同班 6 年。此次聚首畅谈数个小时，决定携手合作共同创业；于是决定以我们班级的班名——实验28 班——将新创的公司命名为 E28。

　　选择在上海创立 E28，原因有二，除了要和摩托罗拉位于北京的总部划清界限之外，创业伙伴主要事业的中国总部亦设在上海。

　　E28成立之初，不仅资金充足，公司愿景也明确、宏伟，定位为大陆第一家智能型手机品牌公司，招纳了众多资金、通信产业的优秀人才，且在信息与通信产业的上、中、下游皆有资源雄厚、实力坚强的第三方，看似前程似锦。

　　我在创立E28之前便已擘划完整且缜密的实战手册。我坚信未来的社会必将是无线上网畅通无阻的社会，人们希望在任何时间、任何地点都可迅速地接收、传输个人化信息，没有地方是收发死角，亦无网络切换困扰，且不因移动而受限，并期待拥有一部可呼应所有需求的智能型手机。

　　若要无线上网畅通无阻，强化手机、平板计算机等智能终端机，与云端上丰富的多媒体内容，皆不可或缺。E28的愿景，是让移动信息（data）与语音（voice）完美结合，促使无线上网更普遍、更优质、更迅速，为移动互连网社会的促进者，使命则是提供技术领先群伦的开放原始码（open source），及与智能终端相关的解决方案。

　　E28同事依据愿景、使命，打造多媒体内容、智能终端机、固网与无线网络的软件与硬件平台，并拟定企业策略，主要有三大重点：

　　一是掌握云端对终端的技术需求，特别是掌握智能型手机的技术。

　　二是掌握开放原始码操作系统的软件操作系统，尤其是Linux软件技术。

　　三是掌握固网与无线网络融合生态系统技术。

➤ E28 的挫折与失败

E28 创业前的准备虽然周全、齐备，但开始运营后却未立即鸿图大展，反倒是一连串的失利、亏损。E28 刚成立时同事无不士气高昂，研发部门努力开发新产品，营销部门亦快速找到代理商，看似顺风顺水、希望无穷；但日后观之，实战手册是必需的，但与实际市场及运营仍有差距。

从 2002 年到 2007 年，E28 接连推出多款智能型手机，或未受消费者青睐，或遭受山寨机袭击，公司遭受巨额亏损，公司上下人心惶惶。

2008 年下半年，全球金融海啸爆发，企业几乎无一不遭到波及，E28 自不例外，在 2009 年时被迫资遣约一半的员工。

在这段时期，无论白天、夜晚还是周末，E28 同事都在开会，但会议开得越多士气却越低沉、争执日益尖锐，高级主管陆续离职；庞大的资金缺口让我寝食难安，只得将办公室从上海精华区搬迁至郊区，但公司定位亦多番转换，但次次实验皆以失败告终，然而我们从未放弃中断过，一次次将新产品推向市场。

挺过金融海啸后，E28 却未否极泰来。从 2009 年到 2012 年，E28 虽相继推出智能型计算机、智能型手机等产品，销售成绩皆与预估值差距甚大。据我估计，E28 自创立以后一连遭遇过 10 次重大挫折，若以成功为 10 分来相比，每一次的失利都是在做到 9.8 或 9.9 时，因为某件突发事件过不去而告终。

我从 E28 一连串的失利中，整理、归纳出 6 大原因，约略解释如下：

一是超前时代太远。E28 创立时便致力开拓无线上网云端对终端的产品相关业务，但由于技术过于领先，超前当时中国市场的无线上网技术约两年的距离，无法显现领先竞争产品的优点。

二是严重水土不服。在创业之前，我与 E28 诸多高级主管皆任职于国际级大企业，运营管理皆以美式文化价值体系为主，在中国的小企业与跨国大企业营运之道截然不同，导致 E28 严重水土不服。

三是战线拉得过长。E28 以成为大陆第一家智能型手机品牌公司为目标，但此目标过于高远，战线拉得过长，超过公司能力所能负荷。

四是人才选择失策。新创公司应选择适合创业的员工，而非最好的员工，适合创业的员工方有牺牲奉献的心理准备，否则很难甘之如饴。但 E28 创立之初的员工多来自国际级大企业，不仅同构型过高，无法激发突破性的解决方案，更难以适应小型企业的工作环境。

五是干部相互掣肘。E28 的软件、硬件、营销、业务部门主管，原都是国际级大企业的菁英，行事作风皆强势，个个都想主导公司营运，原本以为一举成功后可大展鸿图，各有发展空间；但几次失利后士气低落，奢谈集思广益、精诚合作，彼此更相互掣肘，竞争力大打折扣。

六是误入谈判陷阱。在若干商务谈判中，E28 代表误入谈判陷阱，契约规范未尽周延，致使公司蒙受巨大损失。

虽然历经多次失败，但 E28 却累积了丰厚的无形资产——技术能力，终于被知名大型企业收购，划上令人欣慰的句号。

回顾此次创业，有数次已几近放弃，但凭着坚定的信念、信仰，方才撑过多年的挣扎、煎熬，增加诸多昔日未曾经历的人生体验，并找到人生下半场的志业，使得我的人生更完整、美好。

孔老师心灵工坊
【魄力】操练

A. 未雨绸缪，提高应变能力

我们在旅行当中随时都会遇到突发状况，但当时当地要保持正面思考，因为这就是学习提高应变能力的时候。在计划下一次旅行时，做好详细研究，设想可能遇到的情况，准备好所需装备，以面对路途上充满的不确定因素和突发事件。

B. 静中得力

每天早上起床梳洗之后，尝试安静自己的心，抛开干扰，训练专注的心念，做好一天的计划。

C. 主动进攻，化危机为转机

若在目前的工作中遇到了难题或困境，想想自己采取的方法是否只是在东补西贴、被动改变，只顾短期利益？请尝试完全放掉已有的模式，重新评估与定位，设计出能带来根本性改变的全新模式。

D. 赢在拐点

1. 如果你的职场生涯现在走到一个瓶颈，有可能这就是你的一个拐点。在这个时刻，请先倾听内心的声音，想想你现在从事的事业是否是你的热情所在。

2. 尝试运用与他人不同的策略来处理危机。

E. 掌握情况领导力

若你是一位每天都要进行多项任务的领导、主管或经理，请写下你对每一项任务所采取的领导风格，若它们都相同，请按照本章所讲的四大领导风格，重新确定每一项任务所该采取的风格并实施。

F. 情感延迟满足

当工作已尽 80% 之力的时候，你是否认为足够了，可以享受完成任务的喜悦？还是你要尽到 100% 之力后再去满足自己的成就感？

G. 管理客户变化

老板也是我们的客户之一。如果你的公司进行重组，使你汇报的上级阶梯及结构发生变化，你是否还是按部就班地运用以前的方式来服务你的客户，还是根据实际情况，实施变通呢？

H. 经历失败是成长的良药

回想一下你是否有过失败的经历？若没有，想想原因，是否是因为你一直安于舒适圈里面，已经很久没有接受任何挑战了；或是你一遇到困难就缩头，从没有去真正解决问题；或是你没有按你心所想去实践梦想，对所做之事无动于衷？

Part 5

德力
赢得他人的信任

ETHICS

做一个有作为的人

想要改变世界之前，得先改变自己。

在可见的未来，全球贫富差距将日益扩大。如果你自甘平凡，恐怕连小康生活亦不可享，甚至终生无法脱离贫困。因此，我常奉劝年轻人一定得力争上游，立志成为各行各业的顶尖人物；若想出类拔萃、鹤立鸡群，就得先做好职业生涯规划，无论在职业生涯的哪一个阶段，上行之路皆始于改变自己。

一定得认清真实的世界，20% 的人掌握世界 80% 的财富，另外 80% 的人却仅拥有世界 20% 的财富。20% 的人懂得用头脑做事、赚钱，选择开创事业、支配他人、寻觅优秀的员工，购买他们的时间，让他们为自己赚进更多财富，善于以笔记记录心得、新知，运用档案节省时间、精力，相信实务经验胜于资格，有行动方有收获，培养高 XQ，愿意改变自己，懂得适时鼓励、赞美他人。

更重要的是，他们即使遭遇挫折，依然可正面思考、放眼未来，面对困难时想方设法解决，并坚持到底、决不退缩。

➤ 锻炼五种能力

被誉为史上最伟大科学家的爱因斯坦曾言："想象力远比知识更重要。"知识有时反而是障碍，将人的能力限制于已知及眼前，但想象力却能释放人的能力，获得超越知识、时空到无限的未来。

许多人误以为，顶尖人物的创造力源自于基因遗传，以为他们天生就高人一等，可驾轻就熟地轻松掌握一切。殊不知他们亦是凡夫俗子，不同的是他们勇敢地为梦想而活，即使连亲友都不看好，依然努力朝着梦想前进。其创造力多半来自于后天的努力，他们不间断地学习新事物、迎接新挑战，不断去学会做困难的事。

若想成为顶尖人物，就得学习顶尖人物的思维、态度、行事方法，否则恐将终生庸庸碌碌，难以出人头地。如何才能成为顶尖人物呢？我认为应具备本书论述的五力，即眼力、魅力、动力、魄力、德力，而且培养这五力是一生的事情，不进则退。

但在职场，犹如一场永无止尽的淘汰赛，厚植五力，就能获得深化并培养知识、身体、情感、心灵与综合能力的竞争优势，不断学习新知、改变自己，方可突破一个又一个关卡；而且，职场的关卡总是越来越难，甚至难以预见；即使你正驰骋在职场的坦途上，仍不可松懈、大意，因为随时可能遭遇更艰难的关卡。同时也要明白，失败与成功不是一个结果，而是一个过程，任何成功者在最终成功前必遭遇过失败。

根据我的职场经验，在职场的前半场，主要凭恃的是自身的能力，常常得单打独斗，追求的目标是事业、生活的成功；到了职场的后半场，就得仰仗昔日累积、沉淀的经验，还得寻求他人相助，以补足自己的弱点，追求的目标则转为生命的目的与意义。

印度圣雄甘地（Mohandas Karamchand Gandhi）倡导不合作运动，带领印度脱离英国殖民统治，美国非裔人权领袖马丁·路德·金，致力于以非暴力的方式，提升美国有色族群的地位。两人改变历史的关键，便在于练就不断改变自己的五力，终于实践了他人遥不可及的梦想。

这五力将不可能化为可能，成就丰功伟业；但务必认清，想要改变世界之前，得先改变自己。有个寓言道尽了转念的改变作用。

很久之前，有位国王相当关心子民的生活，常常微服私访。一次，他在某个乡村行走，路上尽是大大小小的石头，硌得他的脚疼痛难忍。当时，几乎所有人都赤脚走路。

国王回到王宫后，为了让百姓出行安全、行路舒适，下令全国所有道路都要铺设一层牛皮（改变世界）。国王此举出于善意，但就算杀光全国所有的牛，亦无法铺满所有道路，不仅劳民伤财，更将重创国家农业生产，更恐民怨沸腾、后患无穷。

为了让国王收回成命，一位聪明的大臣献上一双牛皮鞋给国王，与其杀牛剥皮铺路，不如以牛皮制鞋给国王，当可节省可观的牛皮。国王一听觉得甚有道理，亲自试穿后，于是改变了自己的想法，立刻撤销之前的命令（改变自己）。这一改变，既避免了杀光所有牛的灾难，又解决了在石子路上行走的舒适问题。

➤ 拟订职业生涯规划有助成功

　　然而，如想成为顶尖人物，光锻炼自身能力仍犹为不足，如果用心拟订职业生涯规划，将更有助于超越凡俗。当然，未曾拟定规划不一定不会成功，但机会却小得多。例如，我在大学、研究所时代对未来懵懵懂懂，遑论职业生涯规划。但今日思之，若能实时拟定规划，并在不同阶段调整、修正规划，不必摸着石头过河，闯荡职业生涯必将更从容、更自信。

　　简略地说，职场上的职衔虽玲珑满目、无奇不有，大致可归类为"专业者"（individual contributors）、"管理者"（manager）、"领导者"（leader）三种角色。

　　专业者欲立足职场，唯一的靠山是自身的专业能力，主要工作为执行业务；想跻身卓越超群的专业者，要善用天生的本能与后天的专业知识与经验相配合，可能的职业包括学者、老师、艺术家、运动员、设计师、工程师、业务员、销售员等；如果以篮球队来比拟，有如队中的投手。

　　若无坚毅卓绝的执行力，就难以成为一个优秀的管理者。管理者的主要工作为管理业务与团队。若要成为出色的管理者，除了强化专业知识、经验，还得提升个人魅力，激励部属和同事寻找更强烈的动力，并做出最合适的抉择与判断。可能的职业包括各级经理人、总监、总裁等；如同是篮球队的队长。

　　在职场上，领导者最宝贵的是领导力，主要工作是管理改变。若要蜕变为一个众人景仰的领导者，除了强化专业知识、经验，更得进一步锻炼眼力、魄力，以更锐利的眼力来制定企业方向，锻炼更果敢的魄力以应对种种可能的变局。可能的职位包括执行官、总经理、董事长、企业家、创业者等，皆必须独当一面，运筹帷幄；如同是篮球队的教练。

然而，由于每个人的能力、个性不同，应根据个人的条件、意见，选择自己最适合的角色，强求不得。我特别强调，并非当上领导者才算成功者，即使是专业者、管理者亦有机会攀上职业生涯巅峰。

➤ 受人尊敬胜于受人喜爱

无论在职场上担任何种角色，我皆深信，赢得他人的尊敬比获得他们的喜爱更为重要。职场奋斗的终极目标不应只为财富、权势，还应包括他人的尊敬。不过，东西方文化大异其趣，在许多方面，东方仍得向西方多多学习、借鉴。在西方，某个人普受尊重是因为他的人格或所做的事（what you do），但在东方，某个人受到尊重却是因为他的背景或职衔（who you are）。

然而，西方的尊敬是真尊敬，发自肺腑，表里如一；东方的尊敬却常是假尊敬，缘于对权力的畏惧，言不由衷，表里不一。真尊敬无法强求，买不到、逼不得，想获得他人真正的尊敬，唯一的方法就是放下自己的权威。

尊敬亦非来自于紧密的人际关系，许多人耗费大量的时间交际应酬，虽深受同侪客户喜爱，仍无法赢得尊敬。在职场上，经营人际关系应信守刺猬法则，与他人维持良好互动，但不远、不近，不卑、不亢，将大部分心力放在做事上，且不可混淆公私领域的人际关系。

所谓刺猬法则，指在寒冷的冬天，两只又困又倦的刺猬为了相互取暖而相拥而眠，但因为彼此浑身是刺，拥抱了一会儿后便痛得必须分开；分开一阵子后却又冷得受不了，只好又抱在一起。几经周折，两只刺猬终于找到合适的距离，既可相互取暖又不至于被对方的刺所伤。

刺猬法则即心理距离法则，管理者、领导者更需深谙此法则，方可不陷溺于人际关系，导致所有努力功亏一篑，又不至于称孤道寡，关键时刻无人应援。管理者、领导者应与部属保持适当距离，既不可高高在上又不可随便与部属称兄道弟，否则皆难以发挥最大战力。

领导人，蜕变的制造者

所为领导者，就是糟糕境况的翻盘手。

在电子、影视、体育等诸多产业，美国企业皆执全球之牛耳，关键在于美国卓越的教育体制，不仅为企业培养众多领导人才，更激励毕业生自行创业，使其生生不息、体质强健。

美国并无联考制度，各大学皆独立招生，每所学校筛选学生的原则亦不尽相同。但知名大学选择学生的标准作业流程却大同小异：

一是根据学校在学术界的排位或名气，制定录取的最低在校成绩与 SAT（Scholastic Aptitude Test，美国高考）最低成绩。

二是申请入学的高中生得撰写一份详尽的个人情况介绍，内容包括申请该校、该系的理由，与家庭状况、兴趣、嗜好，及高中时代的特殊事迹、特殊贡献与特殊才艺等；特别是，还有课外活动的经验与领导事迹，以及从事公益活动的记录。

➤ 影响他人，共同完成不寻常事功者

美国的大学最爱个性与校风相若、综合能力较强的学生，而非智育成绩最突出的学生，更落实五育并重的精神，即德育、智育、体育、群育、美育无一偏废。

美国一家大型企业曾进行内部调查，研究高级经理人与其大学时期表现的关联，发现能否晋升为高级经理人，与其就读哪间大学、哪个科系几乎毫无关联，与在校成绩高低只有中度相关，但与课外活动活跃与否却是完全相关。

综合能力包括 EQ、专注力、团队精神、毅力与耐力等，课外活动正是培养综合能力的最佳战场。课外活动范畴甚广，包括学生社团、体育校队，或代表学校参与校际运动、音乐、科技、艺术、棋牌、辩论等竞赛。此份研究报告指出，若能在团队中担任领导且表现杰出，毕业后多半可在职场上出人头地。

领导者甚难培养，难以有计划地、有系统地量化培养，导致许多人误以为领导力是天生的。东方教育体系过度强调智育成绩，德育、体育、群育、美育课程甚少，只能养成专业者，学生综合能力的潜能遭压抑，领导人才远少于西方社会。

我就读交通大学时，担任篮球校队队长；因为投注诸多时间、精力在篮球队上，花在读书上的时间比同学少许多，常常蜡烛两头烧。正因如此，让我学会如何管理时间、待人接物，对我日后踏入职场帮助甚大，亦帮助我领悟扭转五力。

在职场上，并非人人都适合当领导者，而且，并非仅有领导者需具备领导力，想成为出色的管理者、专业者，活出圆满的人生，领导力是不可或缺的。我特别强调，经过严谨的学习、训练，人人都可提升领导力，使其生活、职业生涯更加顺畅。

只是领导力的学习和训练知易行难，唯有身体力行方可领略个中三昧；且其学习、锻炼并无终点，犹如逆水行舟不进则退，过程十分艰辛。虽然许多人艳羡领导者的地位、权势、财富，并立志成为领导者，却不愿吃苦亦不愿承担责任。于是，终其职业生涯皆与领导者无缘。

然而，在多元开放、快速全球化的今日，如何才能成为一位卓越的领导者？

何谓领导者，在我看来其定义为"可影响他人，以共同完成不寻常事功者"，必备能力为扭转五力，即眼力、魅力、动力、魄力、德力。

若针对领导者的定义说文解字，其已涵盖扭转五力。影响包括感召、激励，感召源自于德力，激励源自于魅力；完成等同于执行，源自于动力；敢向不寻常挑战者，必定胆识过人，而胆识必源自于魄力；方向正确方可成就事功，唯眼力非凡者能为之。

完成一件普通的事并不一定需要领导者，但若要完成一件不寻常的事功就得仰仗卓越领导者带领。有领导者必有追随者，领导者必须与追随者分工、合作，并带领追随者前进以完成不寻常之事功。最理想的分工、合作模式，并非命令、威胁、利诱，而是运用影响力，让追随者心悦诚服地付出、奉献与牺牲。

在此必须特别澄清，不寻常事功不一定是惊天动地的大事，只要是改变家庭、小区、企业、社会、国家方向的事，即可归类于此。例如，父母若能教养出不平凡的子女，其对社会有卓越贡献，亦可称为不寻常的事功，亦是领导力的展现。

➤ 扭转五力让职业生涯更顺利

领导者应有超凡的眼力，可向追随者清楚地说明愿景，带领追随者朝愿景前进；具有让不同专业的优秀人才愿意追随的魅力，让他们愿意竭尽心力，为实现愿景而奋斗；有坚持执行直至达成目标的动力，并制定一套详尽、可行的计划与面对和处理危机的魄力。

拥有眼力、魅力、动力、魄力，仍犹有不足，德力有时是最关键的领导力。若想完成的不寻常事功较少争议性，领导者得具备让追随者高度信任的德力，并学会适时妥协，但坚守道德底线。

➤ 眼力：见所未见

微软创始人之一的比尔·盖茨，迄今仍是全球首富。就读哈佛大学时还没毕业就决定创业；创立微软时，他的信念是销售计算机软件，但当时仍处于大型计算机时代，计算机产业硬件才是主流，软件仅是购买硬件时的附赠品，根本无人愿意付费购买软件。

创业之后，比尔·盖茨虽屡屡碰壁却不改其志。不久，苹果掀起了个人计算机风潮，原本的计算机产业霸主 IBM 为了防堵苹果垄断个人计算机市场，决定与微软合作，在其推出的个人计算机中搭配微软的软件系统，此举让微软快速崛起，成为全球软件产业的龙头。

乔布斯不仅带领苹果开创个人计算机时代，在历经被放逐、回归并重掌大权后，再度带领苹果称霸无线上网时代。比尔·盖茨、乔布斯与诸多科技产业领导人，皆能见他人所未见，发现未来产业趋势，其眼力自是不同凡响。

想成为卓越的领导者，就得锻炼过人的眼力。眼力除了见他人所未见，还包括长远的想象、思考能力，想法及不墨守成规的做法，勇于挑战传统的思维模式，并有追寻和实践内心梦想的热情，不肯向现实低头、妥协，所作所为颠覆一般人的想象。卓越的领导者为追随者订定共同愿景，让追随者知晓为何而战，并带领追随者进入新的境界，为家庭、企业、社会、国家做出重大贡献。

➤ 魅力：将心比心

赤壁之战，曹操率领的大军，遭孙、刘联军击溃，内部交相指责，几近分崩离析；曹操凭借个人魅力激励众将士重新振作，快速从战败中站起。曹操不仅管控自己的情绪，还可鼓舞士气、凝聚战力，充分彰显卓越领导者的魅力。

魅力是指可激励他人的能力。一个卓越领导者当与追随者荣辱与共，并可激发追随者的潜能，让乌合之众蜕变为精锐雄师，令追随者无怨无悔地全力以赴，拥有多领域的坚实盟友，愿意在危难时挺身相助。

➤ 动力：行所未行

在一场战争中，一支部队在丛林里迷失方向，指挥官在审时度势后，决定全军向一座大山前进，在侦测与大山的确切距离的同时，也考虑存粮数量，制定缜密的行军进度。之后数十天，虽遭遇诸多不可测的风险，被迫随机进行调整，但指挥官仍要求全军达成既定进度；最后，比预定的目标提早两日脱困。

一个卓越的领导者，高执行力的前提应是合理、有条不紊地分派任务，并充分授权，让每一个追随者皆可贡献所长，充分理解各项应办事务的轻重缓急；在不确定的状况下快速做出正确的判断，应变、适应能力极强，并找出克服难关的策略，且视情况变化而调整策略，不达目标决不终止。

➤ 魄力：勇者不惧

被誉为篮球大帝的乔丹，曾带领芝加哥公牛队夺得 6 次 NBA 冠军。在决定胜负的关键时刻，乔丹屡屡只手扭转战局，其临危不乱的胆识，迄今尚无球员可与之匹敌。胆识即魄力，一个卓越的领导者在面对突发、不可预测的情况时，唯有凭借过人的魄力，方可超越、克服种种难关。

有魄力的领导者应具冒险精神，积极主动挑战目标、愿景，不仅带头执行，并承担一切批评、风险，连不属自己职责的事务也一并揽在肩上；当无人敢前进时，得身先士卒、无所畏惧，不仅择善固执、坚守立场，在最困难的时刻有破釜沉舟的决心，更愿意挑起最艰巨的任务。

➤ 德力：德行天下

孙中山与众多革命志士历经 9 次起义失败，终于武昌起义后推翻清政府、建立民国；为了平息权位争斗，他决定辞去总统一职，但继续为理念奋战，其德力感召了无数的跟随者。

在此，我要特别澄清，德力并非是超越凡俗的道德标准，而是完成不寻常事不可或缺的能力之一。今天，企业尔虞我诈、相互欺骗，拥有德力的领导者言出必行、坚守诚信，不因个人私利而改变处事原则，更容易在众多竞争者中脱颖而出；虽然可能在短期内吃亏，却可赢得他人长期的信任。

值得一提的是，拥有德力的领导者宽宏大量、相信他人、正派行事，原谅部属的错误，不记恨昔日的敌人，所作所为皆为了整体利益和目标，而非图谋个人私利；于是，即使遭遇挫折，却总能获得贵人相助，跻身卓越领导者的行列。

➤ 主动或被动，决定卓越或平庸

卓越领导者与平庸领导者的根本差异，在于前者积极主动，后者消极被动。卓越领导者总是向前看，敢于想象创新、突破常规，具冒险精神，且愿主动出击，重视基本原则，不拘泥于细节；懂得激励伙伴的内心，受人尊重是因为其品格、行事，而非其职衔。

更重要的是，卓越领导者用人所长，亦能容人所短，善于带领、引导追随者，面对问题时，愿意从根本解决错误，以"我们"为发言的主体词汇，更乐意协助追随者成长、壮大，成为另一个领导者。

平庸领导者则希望维持现状，墨守成规，拒绝变化，不愿冒险，事到临头才被迫应对，只愿给予部属表面的激励；且依赖职位的权威，迫使部属畏惧、奉命行事；害怕比自己能力更强的部属，时时防堵、处处刁难，甚至阴谋陷害，以高压管制部属，以"我"为发言主体词汇，企图将所有人都变成其追随者。

领导的至终衡量标准是：卓越的领导者，能将追随者转变为领导者；而平庸的领导者，则是将原本具有潜力的领导者转变为跟随者。

ETHICS

3

在大败局中昂然挺立的力量

创立一家成功的企业，在职场上建立良好信誉，皆非
三年五载之功可成；但失去诚信，再成功的企业、再有成就
的职业人士，都将毁于一旦。

近年来，我对全球经济发展的远景越来越悲观。因为，发达国家人
口老化速度惊人，长期推动全球经济成长的人口红利几近消失殆尽；
全球金融海啸以来，世界各国纷纷施行货币宽松政策，许多亮眼的经
济数据根本是华而不实的泡沫，在可见的未来势必一一破灭；套用财
经作家吴晓波的畅销书书名，全球经济的未来很可能是"大败局"。

许多国家经济看似欣欣向荣，但房地产价格已远远超过一般消费
者所能负担，普罗大众的生活反倒日益穷困，失业率逐年攀升。除此，
世界各国的贫富差距越来越大，财富越来越集中于少数人；越来越多
的富豪无心扩张事业，反倒热衷资本投机炒作，导致诸多企业不再重
视诚信，虽然短时间获利斐然，但时日一长必遭消费者唾弃，营运注
定江河日下。

若想在"大败局"中昂然挺立，对抗日益恶劣的职场、产业环境，就得培养与实践眼力、魅力、动力、魄力、德力等扭转五力。虽然世局纷乱却能屹立不摇，甚至逆势上行。假使越来越多职业人士、企业学习并实践扭转五力，就可汇集众人的力量，阻挡职场、产业环境向下沉沦的速度，甚至可能扭转"大败局"。

➤ 诚信企业是德力的展现

一家企业从成功到失败，排除人谋不臧、派系斗争等因素，主要原因不外乎企业主或高级经理人判断错误，不懂得适应情势变化，以及不守诚信。

任何人都会犯错，即使经验丰富、小心谨慎者亦难免出错；经验不足、思虑不周、信心大于能力者更易判断错误。而且，傲慢无知的人才会相信自己不会出错，但实际上他们的判断屡屡出错，只是不愿承认或将责任推卸给他人罢了。

企业主或高级经理人，常发生3个方面的判断错误，现简述如下：

一是误判商机。未能全盘掌握产业趋势，或错估、高估自家企业实力，导致误判商机。关键在眼力欠佳。

二是应对失策。无法招募或留住优秀人才，对关键客户、第三方的应对失策，导致合作关系破裂，甚至终止。关键在缺乏魅力。

三是执行不力。关键产品的研发、生产进度过慢，或未能实时觅得目标客户，或未构想出可稳定获利的商业模式，导致巨额亏损。关键在动力不足。

商场如战场，同样残酷与瞬息万变；创投界有句名言："商业计划书的笔墨尚未干，市场就已经改变了。"有时，经济或产业趋势突然转向，有时产业标准、政府政策法规无预警地骤变，情势顿时大不相同，让企业主、高级经理人措手不及，导致判断错误。

情势的快速变化，正考验着企业主、高级经理人的应变能力及能否快速化危机为转机。如果情势极端恶劣，发现即使竭尽全力也无法挽回颓势，有时得断臂求生；但臂可断头不可断，务必保留企业最具竞争力的部门、人才，先想方设法求生存，日后再图谋东山再起。

不懂得应对情势变化的关键，在于缺乏魄力；不守诚信的关键，则在于不重视德力。诚信犹如企业的地基，坚守诚信的企业在面对诸多"不诚信可获得暴利"的诱惑中，依然深信有正当的解决途径。

不守诚信的企业总是为达目的而不择手段，其常见手段包括说假话、走快捷方式、占便宜、做假账、拖欠款项等，持续欺骗客户、强打不实广告、不履行合约中的义务、拖延第三方款项、积欠员工薪资，更私下逃漏税、篡改财务数字。纵使一时风光，但犹如将房子盖在沙土上，没有牢靠的地基，只要一阵狂风暴雨顿时崩塌。

即便如此，还是有越来越多的企业不再重视诚信。部分企业认为追求成功应无所不用其极，视诚信如无物。部分企业虽标榜诚信，却以其为空泛的理念口号，并未真正落实。部分企业虽将诚信写进经营守则中，却阳奉阴违，视其为宣传口号，说一套做一套。部分企业虽然坚守诚信，却视其为牺牲，不认为诚信可获利。仅有少数企业奉诚

信为核心价值，是与竞争对手区分策略的一环，更是企业长期成功的
制胜法宝。

➤ 投机风险永远大于投资风险

诚信虽是普世价值，但新兴国家的企业却普遍忽略诚信。虽然以
不诚信的手段短期内会在国内市场获得巨大成功，却无法赢得其他国
家消费者的信赖，难以开拓国际市场，难与国际级企业相互较量。其
光景看似虽好，但纵使规模再大却是无法持久。

当这些企业攀上巅峰时，常被美化为国家的希望。一旦信用破产，
衰亡的速度亦令人惊叹。追根究底，新兴国家的企业普遍缺乏诚信、
人文关怀意识也淡漠，不看重企业伦理、企业文化，对法令、产业规
范、社会价值观亦无基本的尊重，这有违企业长期营运的基本逻辑。

新兴国家的企业营销产品时，极尽所能夸大其辞，藐视消费者智
商，罔顾产业和市场既定的游戏规则，对员工、竞争对手冷酷无情，
成王败寇的观念根深蒂固；与第三方沟通协调时，动辄信口开河，胡
乱承诺，常"不按牌理出牌"，破坏市场秩序以获利，久而久之渐无
企业敢与之来往合作。纵使当下新兴国家企业的规模远远超过前一代
的企业，但其营运质量却可能远远不如上一代企业，迟早必败。

热衷资本投机炒作的企业不爱平稳获利，并相信有幸运之神眷顾
自己的赌徒心态，即使侥幸获胜亦不愿见好就收，一而再、再而三地
豪赌，最后堕入万劫不复的地步。除此之外，当这些企业营业额扶摇

直上时，企业主、高级经理人容易利令智昏、不断膨胀，于是不断跨足与主营业务无关的行业，漫无目的地进行购并，结果超过能力极限，至终以惨败收场。

被誉为股神的巴菲特（Warren Buffett）特别强调，无论何时、何地、何种情况下，投机的风险永远大于投资。因为，投机是企图在短时间内赚取暴利，但一次失利就可能血本无归、全盘皆输；而投资是只要坚定信念、坚守原则，纵使短期亏损，长期必将获利，且可走得远、走得久。

新兴国家的企业若想与先进国家的企业相抗衡，成为引领时代潮流的主流力量，就得重建企业的道德秩序、重塑企业家的职业操守，才能在"大败局"中昂然挺立。晚近，诸多曾叱咤风云的企业皆已风流云散，幸存的企业若仍未领悟到，若不以诚信为立业基石，势必将被集体淘汰。

诚信经营，勿以恶小而为之

> 诚信并非更高的道德标准，而是让个人、企业更上层楼的关键能力。

当下，职场的高度竞争性，能坚守诚信的职业人士已越来越少；因在股东只关注短期收益，能坚守诚信的企业亦越来越难。无法坚守诚信的职业人士、企业，或许可风光数年，却无法成为真正顶尖的职业人士和企业。

我曾先后任职于英特尔、摩托罗拉两家国际级大企业，对其企业文化永志不忘。两家跨国企业不仅技术领先，尊重管理亦看重效率与员工福利，更特别重视诚信，包括员工的操守。员工若犯了其他错误不一定会遭到开除，但若不诚信或逾越道德的界线，不但立即开除更追究法律责任，决不宽待、无一例外。

因此，我在上海创立 E28，亦秉持诚信原则，将诚信视为企业的核心价值，以及提升企业竞争力的核心能力；即使身处逆境亦坚守诚信从未动摇。最终证明我的坚持是正确的。

➤ 诚信比能力更重要

资质中上但正直、诚实的职业人士，在职场上的成就终将胜过资质卓越却投机取巧、表里不一之人。一位事业有成的房地产中介公司董事长，将其成功之道归纳为："我一点也不特别，只是一个资质中等但努力工作的老实人；而竞争对手大多不肯脚踏实地，想方设法占顾客的便宜。与他们相比，我反倒显得与众不同，业绩蒸蒸日上，方有今日的成就。"

这位董事长初入职场时，在一家房产公司担任房地产经纪人。有一次，他带一对夫妇去看标的物业，这对夫妇对房屋及价格皆颇为满意，但诚实的他却坦诚不讳"此房屋地基年久失修，购买后还得额外耗资加固地基"；在他直言相告后原本有意购买的夫妇决定放弃，即将到手的买卖最后却落了空，他还惨遭房产公司开除，只能再找其他的机会。

然而，这对夫妇却为他的正直、诚实感动，仍委托他代为房产中介，并主动帮他介绍很多客户。不久后他便自行创业，坚持诚信经营，事业蒸蒸日上，终于成为房屋中介行业的巨擘。

在美国芝加哥有一座知名的电话形大楼，为 ADDC 公司总部所在。兴建这座大楼的 ADDC 创办人戴维，原生家庭经济并不宽裕，就读大学时，生活相当拮据的他有次断粮数日，迫不得已只好打电话向父母求援。没想到母亲语气沉重地回复，因为父亲罹患重病，财务压力沉重，无法提供任何资助。

挂断电话后，戴维无助地在电话亭中啜泣，因为他可能被迫辍学。此时，公共电话突然不断掉下硬币，虽然生活有燃眉之急，但他几番挣扎后拨通了电话公司的客服电话告知此事。电话公司服务人员请示上级后认为，要派专人去收取硬币实在是不敷成本，决定将硬币全数赠送给他。

靠着这些硬币，戴维省吃俭用地撑到了暑假，终于可以打工挣钱。他在应征百货公司仓储工作时讲述了此段往事，百货公司主管赞赏他的正直、诚实，给予他双倍的薪资。毕业后，戴维创办了ADDC，坚定地以诚信为企业核心价值，业绩快速成长。于是他兴建了一座电话形大楼，以纪念这个人生的转折点。

大多数成功的企业最珍贵的特质是诚信。诚信分为两大方面：一是为人正直、诚实（integrity），指一个人言行一致、心口如一；二是做事信守承诺（trustworthy），尤其是在金钱往来和商业往来方面，无不一言九鼎、千金不易。

对职场人士而言，信誉是最宝贵、必须好好珍惜的资产。建立良好名声得历经长久的努力，但只要稍有不慎即会毁于一旦。然而，职场上时时处处充满着诱惑，坚守诚信定会遭逢吃亏上当之际，此时会有他人怂恿采取权宜之计，以便轻松脱困，脱颖而出，击败对手。不少人屈从诱惑背信弃义、钻营取巧，但最终追悔莫及。

怂恿的人总爱说："职场、商场即战场，是人吃人、狗咬狗的世界，你不这么做别人也会这么做，无毒不丈夫，好汉不吃眼前亏。"或是强调"这在职场、商场上是很平常的事"。他们或合理化背信弃义、钻营取巧的行为，或自认不得已而为之。但无论竞争多激烈，这种心态或行为仍不可取。

其实，无论在生活或事业上，很可能因为坚守诚信而丧失近在眼前的利益，或数次遗失绝佳的商机和升迁的机会。然而，在数十年的生活、职业生涯中，丧失些许利益、数次机会，损失微乎其微，但若为赢取这些利益和机会而丧失了诚信，反倒是因小失大，得不偿失。

因为，无论职场人士、企业，若树立正直、诚实的声誉，被他人或其他企业认为是可信任的对象，更大的利益与更多的机会将自动寻上门来，完全不用烦恼。且面由心生，只要在职场历练一定时间，便可一眼辨认出一个人是否正直诚实，是否安全可靠；与正直诚实的人打交道，完全不用揣摩猜测，防备他别有企图。

许多人误以为，若非心机过人、运气过人，是难以成为人中龙凤的。根据一份研究资料表明，针对诸多企业的企业主、高级经理人进行测试，发现其共同特点之一就是正直、诚实。

疾风知劲草，板荡识忠臣。相信大多数职业人士、企业在平顺时皆愿意信守承诺，循正道为人、处事、获利；一旦到了关键时刻，却仅有少数职业人士、企业家能坚守诚信，即便可能丢掉工作、被迫关门，亦决不动摇原则；然而，只要能撑过危机期，便将快速从谷底反弹，稳定发展。

无论是录用新员工或员工的升迁调派，大多数企业筛选的标准除了能力高低，更重要的是其品行优劣，有些更将查询其财务相关记录。因为，从一个人的品行便可考核其价值观，判断是否值得信任与托付。

➤ 勿以恶小而为之

虽然，诚信低落是世界各国共同的危机，但不守信用与偷窃无异。一个人若不坚守诚信，行事即可能走旁门左道或口蜜腹剑、笑里藏刀。尤其是在金钱上曾有不良记录的人，比较容易挪用公款或拖延、积欠款项，犯罪率是一般人的 10 倍，成为企业中的害群之马。

关于诚信，"勿以善小而不为，勿以恶小而为之"。不可心存侥幸，亦不可自作聪明，还以为神不知、鬼不觉。

网络上曾流传一个在欧洲留学的留学生的故事；他利用大学所在城市的交通系统并无严格查票机制的漏洞，在留学的数年间几乎从未购过票，他自豪省下可观的交通费用，在数不尽的逃票经历中只被要求补票 3 次。

毕业后，这位留学生尝试在该国寻找工作，并向多家国际级企业投递履历表。只是，他虽然学历傲人，这些公司亦积极开发中国市场，其求职信却石沉大海，连一次面试机会都未获得。于是，他认定这些公司有种族歧视，怒火难抑地冲进一家企业，质问人力资源部经理，为何他无法获得面试的机会。

人力资源部经理据实以告，该公司确实正大力拓展中国市场，若论学历、能力，在众多应征者中他确属上上之选，但经查询信用记录，发现他有 3 次逃票记录，所以决定另择高明。人力资源部经理声明，逃票证明他不遵守规则，不值得信赖，而该公司的核心价值之一正是诚信，未来也不会设置繁复的监督机制，故无法聘雇不值得信赖的人。

最后，人力资源经理甚至直言："在这个国家，甚至整个欧洲，应该没有一家企业愿意承担此风险，因为道德常常能弥补智慧的缺陷，而智慧却永远填补不了道德的空白。"

➤ 诚信应超越法律

在商场上，坚守信用不仅应言行一致，更应翔实履行契约。如果成品质量未达契约要求，应立即着手改善，甚至从头来过；倘若距离契约期限将届，纵使不眠不休地赶工亦应实时交工。

有些人更坚信，诚信应超越法律，等同于信仰。例如，曾有一位印刷厂负责人虽负债累累，但他却不接受部属、律师、会计师的建议，申请破产，反而勇敢地面对债务，一笔又一笔地清偿，终于无债一身轻，如愿东山再起。这名企业家坚守诚信，未拿法律当挡箭牌，更赢得所有债权人、第三方的信赖，此后事业一帆风顺。

以诚信经营企业，关键在于打造一个以诚信为核心的管理系统，以诚信贯彻企业行为、企业伦理、企业文化，并影响员工个人的道德和社会价值观，即使在逆境中仍坚信可循正当途径脱困，方得以抗拒种种诱惑。

原本，在顶尖大学商学院的 MBA、EMBA，早将企业伦理、企业法律列为必修课程，但成效不彰。根据研究，大多数 MBA、EMBA 毕业生皆比入学时更加贪婪，更不相信应以诚信为企业运营的核心价值。关键在于，这些学生虽能清楚分辨是非善恶，却也深知理论与现实的差距甚大，他们虽身处校园却早已向现实屈从。

在全球金融风暴后，先进国家最顶尖的大学商学院，如美国的哈佛大学、哥伦比亚大学，纷纷以"说出自己的价值观"（voicing your value）的方式，教导MBA、EMBA的学生如何在职场上坚持、捍卫自己的价值观，不因威胁利诱而动摇，甚至背弃自己的信仰。

在这些EMBA的课堂上，教授让每个学生叙述在过往的职业生涯中，当被企业主、上司要求说假话或改数字时，是如何适应的。根据调查，在职场上，职业人士被企业主、上司要求说假话或改数字时，约有50%认为别无选择，立即听命行事；约有25%亦认为别无选择，经过一番内心的天人交战后，无信心说动企业主或上司改变主意，为了坚守诚信自行请辞。

但另有25%，在经过挣扎犹豫，并请教多位前辈、长辈后，运用各种方式与企业主或上司不断沟通，说明自己的难处，终于成功脱险。此后，更勇于坚守诚信，并让企业主或上司从此不再如此要求。

然而，原本75%认为别无选择的职员，听闻有人可成功抗拒企业主、上司的无理要求，大部分都愿意仿效那些面临威胁、利诱时不一定就得低头照办或无奈地挂冠求去的人，试着寻找其他方式消弭威胁利诱！

你的道德观决定了命运

在宇宙中，存在两种定律，看得见的是自然律，看不见的是道德律。

无论是生活还是职场，每个人都曾经历过大大小小的挫折与失败，也曾面对形形色色的威胁和利诱；当关键时刻到来，不仅考验当事者的能力、智慧，更考验是否可以坚守道德底线。只是，在诸多关键时刻，坚守道德底线、不愿违背良知而妥协所付出的代价，可能是丧失利益或机会。

然而，根据数十年的生活、职业生涯经验，我发现在关键时刻坚守道德底线者，虽然忍痛拒绝既得利益和机会，却能赢得大多数人的钦佩、尊敬，假以时日必可获得更多机会，方方面面皆受益。反观，未能坚守道德底线者虽一时飞黄腾达，却可能因此丧失信誉，断了后路，得不偿失。

➢ 利他，是双赢的法则

因此，关键时刻亦是抉择恶与善的时刻。

何为恶？举凡违背天意、人性，只考虑一己之私，不顾他人、社会与国家利益，便可称之为恶。走向极端即是自私贪婪、唯利是图、不择手段，富者压榨贫者，强者欺侮弱者，弱者铤而走险，行不公不义之事。

何为善？举凡所作所为皆合乎天意、人性，先考虑大我再考虑小我，便可称之为善。善的典范当是富济贫、强助弱，安贫乐道，甚至将利他置于利己之前，为了顾及他人、社会、国家利益，宁可牺牲自己的利益，也愿意为了成就他人之美而付出代价。

恶的源头是过度利己，善的源头则是利他。利己并非恶，是个人、企业、社会前进的原动力，倘若没有利他加以约束，将导致私欲过度膨胀，转变成无所不用其极的自私贪婪而成了恶。

其实，利己、利他并不完全矛盾或毫无交集，其交集为以利己之心从事利他之行；若能如此，便可同时利己利他达成双赢，故可称为双赢法则。

在职场上，若想成为领导者就得增益眼力、魅力、动力、魄力、德力等五力。根据我多年的心得，这五力应以德力为中心，而德力首重诚信，唯有如此方可赢得追随者长期的信任，不至于误用眼力、魅力、动力、魄力，成为作恶的帮凶。

双赢法则的初衷，在于相信一个人若要提高物质上、精神上的价值，就得通过提高他人物质上、精神上的价值而实现；一个人若要提高自己的自尊，就得通过提高他人的自尊而实现；若要有所成就，就得通过他人有所成就而实现。

双赢法则适用于生活，亦适用于职场、企业经营。假使企业家创立企业的目的只为了赚钱，这企业多半昙花一现，但致力于提供给客户优质产品、服务的企业，往往可长盛不衰，规模逐年扩大。

值得一提的是，若彻底实践双赢法则，提高自我价值与提高他人价值将同时发生。双赢法则意味着"利他永远是最好的利己"，一个人的价值由自己决定，内心认为自己是怎样的人，就会有怎样的表现。

一个关于地狱与天堂差别的故事，正可妥切地说明双赢法则的真谛。

有个人生前为非作歹，死后灵魂被天使带往地狱。没想到，他到了地狱不见刀山油锅，反而见到一桌又一桌丰盛的佳肴；但即使佳肴近在咫尺，每个灵魂却都骨瘦如柴。再仔细一看，发现每个灵魂手上都拿着一副长筷子，其长度远超过一般筷子，虽然可挟到菜，却想尽了方法也吃不到筷子上的菜。因地狱严格规定只可以筷子取菜，所以每个灵魂备受饥饿酷刑的煎熬。

另一个生前乐善好施的人，死后灵魂被天使引至天堂。他看到的天堂景象，也是一桌又一桌丰盛的佳肴，和地狱的景象没有不同；唯一不同的是，每个灵魂将自己手中筷子上的菜送入另一个灵魂的口中。于是，每个灵魂皆可饱享美味！

➤ 道德是心灵良药

近年来，世界各国都出现道德沦丧的危机。许多人相信，只要聪明过人就可钻营取巧，甚至罔顾道德；而坚守道德者，生活必定困难重重。其实，此解大谬不然，道德实为智慧、幸福的根本。

唯有以道德为根本的智慧才是真正的智慧，唯有以道德为根本的幸福才是真正的幸福。以道德为根本的智慧可让人在独处时管好自己的心，认真思考、反省；在人群中管好自己的口，努力借鉴、学习。以道德为根本的幸福，可达境随心转、境由心生的境界，不再心随境转、心烦意乱。一种良药顶多可治好一种或数种身体疾病，但道德却可治好一切心灵疾病，消除痛苦，让人重拾真、善、美。所以，智慧是不存于身外的人、事、物上，而是藏在每个人的内心中。

林肯曾言："一个人过了40岁，应当为自己的长相负责"。若论容貌，林肯离英俊甚远，但他的脸上却刻满了智慧与慈悲，不仅不令人厌恶、望之生畏，反而令人心生仰慕、愿意亲近。所以，若想要有好容颜，只要心灵净美、爱心盈满、个性善良、积极主动，不必仰赖化妆、整形，自然散发出强烈的吸引力，他人不知不觉便心生倾慕，越来越喜欢与之交往，甚者更可化敌为友。自私、狡猾、凡事分斤掰两者，即使原本相貌英俊、美丽，也会变得俗不可耐、越发丑陋。

道德不仅是智慧、幸福之本，更是气质与良善之本。一个人的气质决定了中年后的容颜美丑，而心地是否良善，更决定了其是否可以安享富贵。此外，并非日入斗金、位高权重的人就是富贵；只要内心不感匮乏即是真正的富，被他人所需即是真正的贵。诸多坐拥金山银山的有钱人，仍感不足，便不是富；若干位高权重者，虽手握大权却遭大多数民众厌恶，亦难称之为贵。

➤ 道德观决定命运

在西方伦理学中，以真、善、美归纳道德；而在东方，则将善等同于道德，与善相反者即为恶。在现实生活中，至善是道德的最高目标，但却无人可及；但以"止于至善"为目标，将同时产生吸引力、约束力，吸引力将引人向善，约束力将阻人逐恶。

与其说"一个人的个性决定命运"，不如说"一个人的道德观决定人生"。何谓道德观？简而言之，一个人的利己动机与利他动机相互作用所产生的价值体系，即是其道德观。

然而，一个人的道德观或社会的价值体系会不断受到外在环境影响而改变。当道德观遭受冲击时，人们会尝试从利己动机与利他动机的板块位移中，调整出新的道德观和价值体系；这时，是否有依据真理而行的信仰就非常重要了。

过去一个多世纪，由于全球经济快速发展，人们盲目追求物质享受，甚至不顾自己的尊严，导致是非不分、黑白混淆。越来越多的企业不以百年企业为目标，以提高获利为唯一目标，致使黑心产品横行；诸多国家因为道德沦丧造成国势日衰，但主政者多半不明此理，不断在政治、经济、社会福利等领域下猛药，依然徒劳无功。

然而，崇尚道德不是口号，更不是遥不可及的梦想，而是拯救个人、企业、产业、社会、国家危机的最佳良方；倘若未能以永恒不移的真理来夯实道德基础，纵使追求更高的 GDP，获得再多的财富，升至再高的地位，都难以持久。

ETHICS

6

正确的信仰，建构你的格局

一个文明的社会，是崇尚道德的社会，也是可以和谐共存、利益共享的社会。

在就学时，大多数人都会碰到"我的志愿"这个作文题目，许多学生也会引用孙中山先生的名言："要立志做大事，不要做大官。"但踏入职场后才发现做大事颇为不易，随着岁月增长志愿越来越小，最后仅剩下"工作安稳、无灾无难到退休"的期待；甚至有人因堕落而沦为社会的寄生虫。

无论任何人，都应立志不做社会问题的制造者，不给他人添麻烦，而是以社会问题的解决者（不论大小）为己任；制造社会问题即是恶，解决社会问题即是善。

➤ 社会价值体系：信仰是社会稳定发展的根基

一个国家的社会价值体系可传承与经营，方可称为文明国家。文明国家崇尚道德，努力让人们皆可和谐共存。文明国家的人民自小在受教育中学会尊重他人、不给他人添麻烦，长大后自然而然养成尽量不给社会制造问题的好习惯，不随地吐痰丢垃圾、守法、遵守秩序愿意排队、有礼貌知礼让、举止客气不争先恐后、乐于帮助他人、尊重残障者的权益、驾车等候行人过马路，并有较多公民敢于见义勇为和勇于为社会、国家作出牺牲和奉献。

文明国家不止人民素质高，企业亦能兼顾利己、利他，创新旨在造福大众，不会只着眼于眼前的利润，企业主、高级经理人自诩为企业家而非生意人。因此，在文明国家，也必须以创造众人福祉为前提，人人皆有创造财富的自由，如此，国势国力自然蒸蒸日上。

如果将"社会行为体系"比喻为一棵树（参见下图所示）：

一般大众的行事、为人是树叶。社会的伦理文化是树干。
道德品格是树根。信仰则是提供整棵树以营养的土壤。

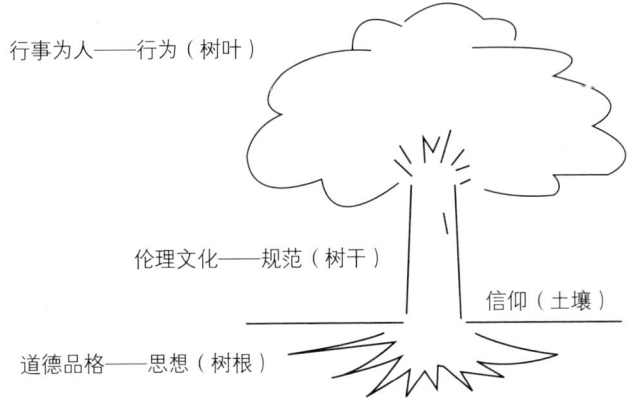

行事为人——行为（树叶）

伦理文化——规范（树干）

信仰（土壤）

道德品格——思想（树根）

社会行为体系（生命树）示意图

倘若没有信仰，社会行为体系犹如一株被连根拔起的树木，无法再从土壤中吸收营养，不久便将枯萎凋零。所以，一个社会、国家要从不文明进步到文明，其重点不在于外表上政治、经济、军事的耀武扬威，而在于内在借着信仰重建所带出来的道德重整。

规范一般大众的行事、为人，其方式包括：

1. 依赖执行法律。
2. 提升社会的伦理得透过媒体和舆论。
3. 提升社会的道德则须强化教育体系。
4. 推崇信仰可让社会价值体系更为健全。

法律、伦理、道德、信仰皆是维护社会价值体系的重要支柱（亦可称为社会维护体系）。

法律为一个社会伦理的底线，在大多数情况下，法律虽可惩罚恶却无法奖励善，只能从外在强迫执行，却无法约束个人的内在，更难以激励人心；但若能严格执行，对于吓阻诸恶确有立竿见影的效果，为稳定社会所必需。

伦理是指一个社会公认的行为规范与合宜的人际关系模式。其要求通常比法律稍高，但有时仍得仰仗法律的力量方可形成约束力。但在法律不足或鞭长莫及之处，则应借助媒体和舆论的力量，令人不敢恣意妄为。不过，伦理讲究公平、公义、理性，要求人与人对等，其吸引力不如道德。

　　道德则是驱使人行善避恶的动力与理想，也是世间最高的是非善恶标准。其对人的要求更高，要求的不仅是应为，而是更好乃至最好的行为与信念。道德不仅诉诸理性，且更具情感吸引力，还可激励人心，令人终生心悦诚服。

　　信仰不仅是一个人精神生活的最高需求，亦是人内心深处最核心的动力，决定一个人如何过一生，想成为怎样一个人。信仰不仅可源自宗教，亦可源自于政治、文化或哲学。

➤ 商业道德：利己之心，利他之行

　　一个社会想成为文明社会，一个国家想成为文明国家，不仅民众应崇尚道德，企业亦须恪守"商业道德"（business morality），以利他为前提从事利己的商业策略，进行良性竞争而非恶性竞争。若非如此，企业将成为社会和国家的乱源。

　　企业家若想赚取丰厚的利润，最佳途径当是"不按牌理出牌"提供创新的产品与服务、颠覆现有的市场秩序、改写产业游戏规则，前提是，创新不可违背"商业法律"（business laws）和"企业伦理"（business ethics），否则可能引发诉讼，甚至遭其他同业群起围攻，未蒙其利反受其害。

　　何谓商业道德？若将道德判断应用于职场、商场，即是商业道德，为决断职场与商场是非善恶的最高标准。然而，令人感叹的是，大多数大学的商学院虽开设商业法律学分及企业伦理相关课程，却未开设商业道德学分；连学术殿堂都不重视商业道德，遑论众企业。

法律是道德的底线，商业法律即是商业道德的底线。企业伦理则指一个社会公认的企业行为规范与合宜的企业关系模式；其应当是个人、企业在商业活动中与他人、企业互动时，应遵守的行为规范与关系模式。

成员超过一个人以上的公司就可称为企业。其组成元素除了员工，还包括资金、技术、土地、创意。企业创造价值的对象不仅是客户、员工、供货商、投资者，还包括社会大众。除了为社会创造价值，根据当下人们对企业的期许，企业亦应肩负社会责任，"取之于社会、用之于社会"，所以企业家须负责任的对象，不仅包括客户、员工、供货商、投资者，亦包括社会大众与自然环境。

企业家最大、最重要的社会责任就是做好企业。在存在价值与社会责任间，企业决断所凭恃的准则即是企业伦理。若要落实企业伦理、商业道德，第一步也是最困难的一步，即是企业营运应尊重专业，不受企业主、大股东个人与家族意见的干涉和影响。

在东方，即使是上市企业的企业主、大股东，多数仍将企业视为家产，并非属于所有股东，更不知应对客户、员工、供货商、投资者、社会大众、自然环境所担负的社会责任，因而任意安插人事、左右营运方针、公款私用，有时更视企业伦理、商业道德如无物，严重影响国家形象和社会秩序，影响国际竞争力。

如果将"企业行为体系"比喻为一棵树（参见下图所示）：

诚信经营是树叶。企业伦理文化是树干。企业家的商业道德和品格是树根。企业家的信仰，则是为整棵树提供营养的土壤。

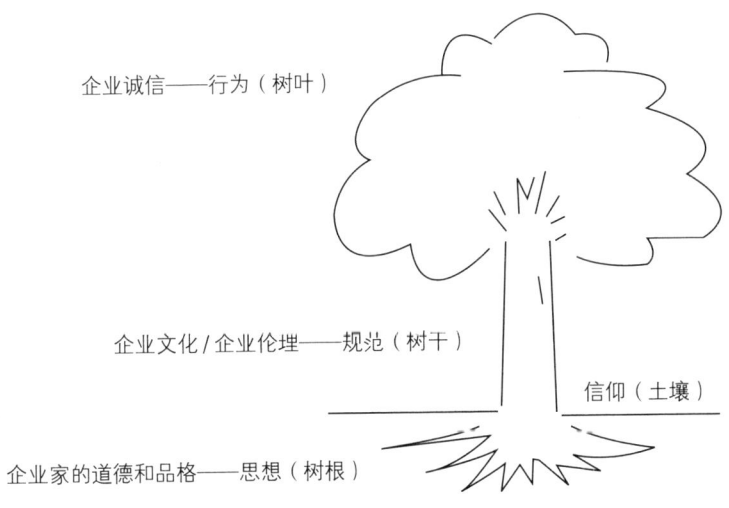

企业诚信——行为（树叶）

企业文化／企业伦埋——规范（树干）

信仰（土壤）

企业家的道德和品格——思想（树根）

企业行为体系（生命树）示意图

➤ 企业伦理：追求参与者利润最大化

许多人误以为，奉守企业伦理的企业不应追求利润。此解大错特错！企业不追求利润反而是违反企业伦理，追求利润是企业永续经营的必要条件，同时也是度量企业营运方向与策略是否正确、有效的标尺；只是，利润应是企业营运的结果，不应是企业存在的目的与唯一动力。

企业的利润源自于创意，与营销力、生产力双重提升，而非源自于节省。企业主、高级经理人应思考的真正问题，不是如何让"企业强势者"（如股东）利润最大化，而是至少得赚取多少利润才能让企业持续正常营运，以及如何让所有"弱势参与者"利润最大化。企业的参与者除了股东，还有客户、员工、供货商、投资者、社会大众、自然环境等。

简而言之，企业若致力于追求本身利润最大化，仅可成功一时，随时可能盛极而衰，追求本身最少利润而照顾到所有参与者的权益，却可让企业屹立不倒；从长远角度讲，后者所获得的总利润，可能远超过前者。

全球金融危机的起因，正是美国雷曼兄弟（Lehman Brothers Holdings Inc.）等投资银行，为了追求企业利润最大化、股东利润最大化，无所不用其极，不断推出形形色色的衍生产品，虽然企业创造了令人惊艳的营业额，却也埋下了令自身粉身碎骨的炸药。

企业若想永续经营，营运目标应当从追求企业利润最大化、股东利润最大化，转为追求参与者利润最大化。参与者利润最大化亦可称为"利润最优化"。一个企业的格局正决定于其追求利润的方式，而格局决定企业的命运与荣枯。

在我看来，企业成功的关键即在于"以利己之心行利他之行"。企业主、高级经理人经营企业的动机不应是追逐名利，而是从事一件有意义的事，如实现梦想、贡献社会等，至于财富、地位、声望，则仅仅是副产品，不可本末倒置！

信仰是心灵的净化与升华剂

你的一生将取决于内心描绘出的样貌；你信仰什么，你就会是什么。

在我看来，21 世纪的人类社会充满了各种矛盾，关键在于以自我为中心的社会价值体系，由后现代主义（post-modernism）的信仰所建构。其主要矛盾有如下 7 点。

一是只要财富不想工作。许多人只想追求财富却不想认真工作，甚至完全不想工作，一心寻找致富的捷径。

二是只要享乐不顾良知。许多人以享乐为生活、生命的中心，不顾良知道德，希望享有更多的权利，却不愿承担责任和义务。

三是只要知识不要人格。许多人只想拥有更多知识，却忽略人格的重要，将知识的积累与人格的养成割裂，而非相辅相成。

四是只要生意不顾道德。许多职业人士、企业只求业绩成长、谈成生意，视良知道德如无物；虽然可能获得优渥的物质生活，却失去了自我。

五是只要科学不顾人性。许多科学研究人员致力于追求科学进步，却罔顾人性；诸多科技研究及产品，仅强调科学成分，却漠视人类的精神需求。

六是只求信仰不愿牺牲。许多人虽追求信仰却不愿有所牺牲，其信仰出于私心，并非真的信仰。

七、只讲政见不讲原则。许多人物的政见，只顾赢得支持，毫无原则可言，根本无法兑现，更以个人利益至上，让人越发无法相信。

在社会行为体系中，信仰犹如土壤，唯有湿润、肥沃的土壤，方能滋生蓊郁的森林，个人、企业若无信仰，则像未带罗盘出航的船只，茫然找不到方向。从我个人角度来说，信仰陪伴我经过职场的风风雨雨与生涯中的低潮、幽谷。大多数有成就的企业家，都有坚强的信仰和信念。

➤ 我的信仰

根据我对信仰的认知，我认为宇宙依循两类规律运行。第一类规律称为"主要原因"（primary cause），指自有永有、不可复制的规律，人类仅能知其然，无法知其所以然，又可称为真理；第二类规律，称为"次要原因"（secondary cause），指以主要原因为基础所建构出的规律，人类可发现、解释、运用，亦可称为定律。

若以逻辑检视两类规律，主要原因即是因，次要原因则为果，人类只能从果中有所发现，是为从有到优。人类的所有创新、发明皆局限于次要原因范畴内，仰赖各种定律，尚无法跨足主要原因范畴。

主要原因乃为万事、万物为何存在以及以何种方式存在的原理，特性为绝对、永恒、不朽，犹如驱动世界前进的软件；因为无法以人类的语言精确界定，对人类而言，其非理性、无规律、不可见，只能相信、不能试验，无法阐释、分析与推敲。

次要原因为物质世界（physical world）的规律，为万事万物何以是当下面貌的原理，与主要原因相比，其犹如硬件，有其生命期限，特性为相对、暂时、必朽；对人类而言，其可用语言精确确定，有特定、清晰的规律，并可理性地阐释、分析、推敲。

宇宙的存在，是为了给人类一个适合生活的环境，人类拥有真、善、美，从而推动文明的进步。在宇宙中人类是强势者，所以人类必须严格遵守自然律与道德律，即强势者尊重弱势者，宇宙方能长存。如今，因人类的自私自利，严重破坏了整个环境，若再不觉醒，继续违反道德律，将一步步走向自我灭亡的深渊。

人类虽然在体能、感官方面是宇宙中的劣势者，但之所以成为管理宇宙的强势者，关键便在于人类不仅拥有管理宇宙的能力（智慧），还可创造、发明各种工具，并引发人类文明史，认同并追随真、善、美以及因其衍生的道德观。

➢ 追求信仰前得先认识自己

信仰是人类心灵的净化剂。但人们想追求信仰，就得先认识自己。人类不仅拥有身体，还有灵魂与道德。灵魂与道德实为人类生命的中心，行为须合乎道德规范，并找到人生的价值、意义。

道德规范即律法、规条，强调人们应约束利己的行为，爱人、利他。西哲认为，人生的价值意义，在于阐扬至善为利他之心、利他之行，魔鬼的诱惑则为至恶，即利己之心、利己之行。若将其应用于企业经营，则应调合为利己之心行利他之行，内圣而外俗。

道德规范可带领生命向前进，亦可让人自由选择，若有虔诚的信仰，即可超越自我利益、价值，使人愿意奉献、牺牲、友爱他人、增益信心、爱心与良心，更可为自己带来内心的平安与喜乐。

人类有了道德规范方有管理世界的智慧，人的信心、爱心、良心，具有永恒的价值。

道德灵魂，乃人类思想、情感、意志的中心，属于物质世界，主要存在于大脑中，其又可分为理智中心、情绪中心、生理中心、意志中心等。

肉体，则是道德灵魂的载体，为人类与外界互动的接口，其可分为感官中心、行为中心等。想成为一个健全的人，就得进行全人整合，不可偏废灵、魂、体任何一方。

人类文明史表明，随着时间的流逝，所有事物都会败坏，从有秩序变为无秩序，道德亦不断崩解，除非有信仰的外力介入。

人类自认为可以分别善恶，但人类的道德标准有模糊的灰色空间，标准更可能"因地制宜"、"因时制宜"，且每个人道德标准不一，从而成为纠纷的来源。所以，人类要拯救自己须从拯救人类的道德、文化、行为的信仰开始。

对有信仰的人而言，圣洁不仅仅是一个名词，更是促使他们提升道德的动力。当面临堕落、升华的撕扯时，信仰正是让人类升华的力量；我深深相信，人类借由信仰不仅可提升生命、生活质量，还可增强职场及企业竞争力。

想在职场出人头地，信念是否坚强，扮演着关键因素。在我的认知中，信念（belief）所相信的对象为物质世界的哲学、理念、他人或自己等；而信心（faith）是指"所望之事的实底，未见之事的确据"，相信的对象则是上天或道德敬畏。

有虔诚信仰的人，多半有较高的 EQ、XQ 与较强的信念，可超越环境的影响；这样的人，积极善良、正面乐观、有勇气对抗挑战与逆境，更容易获得生活、事业、人际关系上的成功！

➤ 泱泱美国的逐渐衰败

西方国家之所以国强民富，与信仰息息相关。但近年来，因后现代主义信仰崛起，且与基督宗教信仰并驾齐驱，有时影响力更有过之而无不及，导致诸多国家国势日衰、社会动荡。

西方人认为，上帝是宇宙的主宰，且时时积极参与世界的所有事务，人类应追求真理与绝对；但由于受后现代主义信仰挤压，越来越多的青年一代离开教会。后现代主义信仰强调一切以人类为中心，人类不仅是宇宙中最伟大的存在者，更是自我命运的主宰者；有些更强调人类才是衡量万物的尺度，且没有任何绝对的道德标准，没有绝对的价值和意义，只有相对的价值和意义。所以也就没有永恒的支柱点，人类在任何时候可以自己订定是非善恶的标准，以符合时下的需要。

在西方世界，虽然仍有许多人周日会到教堂做礼拜，但越来越多的人只是惯性行为、表面功夫，信仰并不虔诚，价值模糊、道德沦丧越发严重，衍生出许多社会问题。

二战后，美国一直是西方世界的领袖，在政治、经济、科技、文化等领域执全球之牛耳，迄今尚无任何国家可威胁其地位。如果将一个国家比喻为一棵树，单看枝叶（如政治、军事），美国依然欣欣向荣；但若转眼看树干（如文化和伦理），便会发现美国已有向下沉沦的征兆，如枪支日益泛滥、种族冲突加剧等；再往下看树根（即道德、诚信），其道德沦丧已十分明显，上一次发自美国的金融海啸就是商业道德沉沦的明证，其病灶实为土壤劣化、树根染病，即后现代主义已撼摇其信仰的根基了。

生命带领生活，臻于天人合一

人的一生，应该是一个完整的故事，延伸到永恒。

当卜的青年一代，若论物质生活远远超过之前的世代，但若论精神生活，却是无比的空虚，许多人对生活、生命、未来感到迷茫困惑，心灵深陷在泥淖中，不知如何脱离困境。

即使再丰厚的物质享受，也无法填满心灵的空虚。许多人感叹人生艰难，表面过得风光体面，实际上却心有千千结，备受煎熬，总是像陀螺一样在原地不停打转，犹如非洲撒哈拉沙漠比赛尔部落以前的居民，迟迟无法向外跨出一步；不知应做些什么、不知如何激发潜能，甚至不知人生该追求些什么？

➤ 新生活始于选定方向

今日的比赛尔已是观光胜地，但昔日的比赛尔却封闭落后，原因在于自有历史以来，比赛尔居民无人可走出撒哈拉沙漠。然而，并非比赛尔居民不想与外界联系，但他们无论往哪个方向走，最后竟然都是走回比赛尔，直到一位探险家造访，才结束他们千百年来与世隔绝的窘境。

探险家颇为纳闷，为何当地人无法走出比赛尔？于是，探险家带了半个月的食物、雇用了一个比赛尔居民带路。在路程中，探险家收起指南针，路程中亦不指认方向，出发后不到半个月两人已走了上千公里，果然又回到了比赛尔。

比赛尔居民既不识指南针又不懂得辨识北极星，在一望无际、黄沙滚滚的撒哈拉沙漠只凭着感觉走，最后，总是回到位于沙漠中央的比赛尔。

当探险家离开比赛尔时，特别邀请曾雇用的那位比赛尔居民同行。探险家指导他，想穿越撒哈拉沙漠，理应白天休息、夜晚前进，并教会他如何辨识北极星；数天之后，两人成功地越过了撒哈拉沙漠。后来，这位比赛尔居民带领其他同胞横越撒哈拉沙漠，因此被尊称为"比赛尔的开拓者"。比赛尔更为他竖立铜像，铜像底座镌刻着："新生活始于选定方向。"

想要拥有新生活，就得选定正确的生活和生命方向。选定方向其实不假他求，首先得先找到自我。汉字相当奥妙，"我"若失去左上的一撇，就变成了"找"，唯有找到那一撇，才能找到自我。这一撇代表着什么，众说纷纭，莫衷一是。商人认为是金钱，学生认为是学问，从政者认为是权位，行善者认为是善行，病人认为是健康，家庭失和者认为是家人和睦相处，享乐者认为是及时行乐。

但在我看来，人们迷失自我，是因为将信仰赶出了内心，信仰就是我字左上角那一撇，唯有将信仰请回内心，方能找到真正的真我与真正的人生方向。世间万物皆有其存在的目的与意义，人类必须找到来自信仰所设定的真我的目的和意义。

➤ 生命和生活并不相同

每个人潜意识中生命追求的目的、意义，约可分为如下 4 个阶段，每晋升至下一个阶段之际，皆是左右人生方向的关键时刻：

一是奋斗。通过努力在职场上获得晋升，让生活更美满。

二是成功。拥有自我定义下的成就，感到富足、不虞匮乏，即可称为成功。

三是意义。人生真正的意义在于拥有自我认知、辨别善恶的智慧，且行有余力，可奉献给国家、社会。

四是合一。人生的使命与意义完全相符，达到天人合一的真我境界，从中获得心灵的平静、安宁与幸福。

然而，想要天人合一、人生幸福并不容易。下面这则"两滴油的故事"，便可使我们品尝到个中况味与困难。

相传，有位富翁因心灵空虚，于是派儿子向世界上最有智慧的智者请教幸福之道，少年跋山涉水，历经千辛万苦，终于抵达智者所居住的城堡。

智者得知少年的来意后，并未立即传授他幸福之道，反而建议他到城堡各个角落走走、看看，并要求他手上拿着一根汤匙，并在汤匙上滴了两滴油。智者特别嘱咐少年，在观赏城堡时，千万不要让油滴落。

于是，少年虽在城堡中行走，但时时刻刻目不离汤匙，战战兢兢、诚惶诚恐，丝毫不敢大意。城堡相当大，行走了数个小时后少年才回到智者的寓所。智者问少年，在城堡中看到了什么；少年尴尬地说，因为全身心关注着汤匙中的油，城堡中有什么景致、摆设，全然不知。

智者吩咐少年，再逛一次城堡，并希望他仔细欣赏、探索整座城堡，也要求他带上那把汤匙。此次，少年向智者详细描述了沿途的所见，对城堡的景致、摆设无不观察入微；语毕，智者问少年："汤匙中的油，还剩下多少？"少年才惊觉，油早已一滴不剩。

"关于幸福之道，秘密只有一个。"智者告诉少年，"人生就好比游历这座城堡，在欣赏景致摆设的同时，也不能让汤匙中的油溅出来"。

智者的话一言以蔽之："尽人事、听天命。"欣赏城堡的景致摆设，即追求生活的美满、完善，如家庭幸福、事业成功、身体健康等，此为尽人事；时时关注汤匙中的两滴油，即致力于从"奋斗、成功"阶段晋升至"意义、合一"阶段，此为听天命。

数十年的人生及职业生涯，我深刻体验到，生活与生命并不相同，生活的目标当是家庭幸福、事业成功、身体健康等，理应追求事事完美；想达成生活的目标，应将与家庭幸福、事业成功、身体健康相关的事，皆视为紧急的事，应立即处置，亟需的是"动力"。

生命的目标则是借着追求人生的目的和意义，找到人生与心灵的归宿，理应追求自己的唯一；在追求生命目标的过程中，应将与人生、心灵的归宿相关的事，视为重要的事，应谨思慎量、妥善以对，核心能力当是"静力"，即安静的力量，生命犹如"两滴油的故事"中汤匙里的两滴油。

➤ 在生命的制高点整合生活

生命应带领生活，人唯有从生命的制高点来整合生活，产生新的人生观、价值观，淘汰掉旧的人生观、价值观，改变旧有的生活方式与重心。从此，应将生命目标列于生活目标之前，将"完成重要的事、追求唯一、操练静力"列于"完成要紧的事、追求第一、培养动力"之前。

无论生活与生命，人们常得面对诸多关键时刻。关键时刻不仅是决定未来相关事情发展方向的时刻，更是突破心灵困境、重新定义自己的时刻。当关键时刻到来时，应当遵循自己内心的指引，即使身处逆境、险境，依然无所畏惧、勇往直前，直到突破困境为止。

原本，每个人都是独一无二的存在，但因只关注生活，以致大多数人的人生随波逐流，过得平凡无味；若想人生与众不同、精彩丰富，就得遵循自己内心的指引，选择自己想要的人生，成就不一样的生命。但我深信，唯一可衡量人生成败的标尺当是幸福感，而非财富、地位，正面情绪能加分，负面情绪则将减分。

在昔日，东方社会较为封建，崇尚"万般皆下品、唯有读书高"，鼓励人们追求第一，唯有在教育体制中名列前茅者，方可被称为天才。但在今天，多元、开放、全球化已是不可逆的时代潮流，完全发挥自身潜能者就是天才，相信"行行出状元"的价值观，鼓励人们追求唯一。

追求唯一、与众不同，永远都不嫌迟。即使过去平凡庸碌，但从现在起即知即行，虽不见得能开创大事业、带来深远的影响力，却可让生活与生命更加精彩、丰富与幸福。

➤ 把握信仰带来的力量

在创业过程中，历经 5 次失利后，我方能不将工作单纯视为一份工作，而是实践信仰。在职场上若能做一个敬畏真理的职业人士，就不会太在意他人的眼光与议论，当遭遇困难险阻时，信仰便是我的指引和提醒。如此，便不怕做困难的事，也就是敢不做其他人都认为应该要做、但自己内心却期期以为不可的事；也不怕做正确的事，即敢去做其他人期期以为不可、但自己内心认为应该要做的事。

许多人认为将信仰实践在日常工作中，要么不可能，要么太空洞难以说清楚，但我认为将信仰原则落实在企业管理中有其可行性，而且一点都不复杂，并可创造出优质且可永续经营的企业文化，其主要原则有三，简述如下：

一是以诚信为管理的基础。对人、对己皆全然诚信，建立诚信的企业文化。

二是以爱心为决策的基础。进行决策前，全心全意相信利他永远是最好的利己，将爱心灌注于决策中。

三是以谦卑为领导的基础。领导力高低的关键在于有无用心，与形式无关。若采用"感召式领导"，谦冲自抑、虚怀若谷，当比高压、威权式领导更易获得部属的信任。

在职场上能坚守自己的信仰，忍受一切攻击与试验，其收获将远远超过预期。以我为例，在上海创立 E28 后，连连失利，但我屡败屡战，最终挥出"再见全垒打"，让创业划下完美句号，并令我在人生下半场得以认准我的使命，即奉献毕生所学和所悟回馈社会，就是信仰的力量支撑着我。

我由衷深信每个人都有不同的才能和潜能，人类应珍惜这些能力，找到属于自己的使命。在我的职业生涯中，信仰犹如一双看不见的手推着我不断向前进，从工程师晋升到经理人、创业家、社会贡献家；为了推动我走向使命，在我的职业生涯中经历了许多机会、挑战，让我学到了许多唯一，在此整理分享如下：

一是从专业者到管理者：融合技术与管理。

二是从半导体业到通信业：结合硬件与软件。

三是从东方社会到西方社会，再回到东方社会：融合东方文化与西方文化。

四是从跨国大企业到在中国创业：融合在大企业任职与创办小企业的经验。

五是从美国企业到中国企业：融合美国经验与中国经验。

六是从成功到失败，再从失败到成功：融合成功与失败的经验。

七是从企业家到社会贡献家：结合企业经验与信仰的力量。

在人生的下半场，我努力传承自己的经验，成全有影响力的职场人士、教导年轻人职场管理与企业领导力，以及如何克服种种疑难、享有美好人生的扭转力。为此，我常奔波于美国、中国大陆及中国台湾的各大城市，虽然十分艰辛却甘之如饴，希望未来可继续扩大服务层面，帮助更多人的生命、生活更上层楼！

孔老师心灵工坊

【德力】操练

A. 经营人际关系，赢得尊敬

回想自己对待上司和下属是两种截然不同的态度吗（有时是潜意识的）？对下属讲话应有与对上司讲话一样的尊敬，请放下权威、表里如一。

B. 培养综合能力

如果你是一名在校生，虽然课业繁重，也应至少参加一至两个学生社团，不只是成为积极的会员，还应志愿担任某项职位、培养能力。能进入社团领导职位更佳。

C. 建立诚信

1. 如果你是一名企业家，请写下企业目前的核心价值，其中有诚信吗？你的每一位员工都清楚企业的价值观和道德秩序吗？

2. 凭心而论，你的企业做的广告所描述的产品性能与实际相符吗？

D. 坚守诚信

平时在公司里可以适时讲出你所持有的价值观，让上司及同事都了解。

E. 双赢法则

与人合作之初，写下自己想要达到的目标，也写下对方想要获得的利益。彼此大方向应是一致的。若不一致则需协调，有可能是自己需要让利，以获得双方长远的利益。

F. 参与者利润最大化

当公司追求利润、期求永续经营的同时，也必须承担社会责任。作为企业家，请用笔列出你的企业活动负责的对象是谁及须负什么样的责任。这可能包括公平竞争、产品不造假、员工的尊严和福利、税务责任、环保等。

G. 认识自己

请从信仰、道德人格、肉体三方面来认识自己，做一个全人的整合（分类写下来）。看看你的精神世界、情感世界和感官世界目前处于何种状态？也写下你对它们各自期望的状态。特别是对于信仰的理解，你同意书中所讲吗？

H. 追求人生的意义

你怀疑过你的人生方向吗？你相信生命存在是有目的和意义的吗？希望你能在繁忙琐碎的生活里稍微停一下脚步，想想以上听起来似乎很遥远却极其重要的问题。你现在可以选择回避这些问题，继续忙着赚钱、养家、寻欢作乐，但迟早有一天，你必须面对这些问题，每一个人都是，没有例外；越晚面对，越是虚度人生的光阴。